毎月10万円は夢じゃない!

「株」で3000万円儲けた私の方法

山本有花
Yuka Yamamoto

ダイヤモンド社

まえがき

昭和から平成にかけて、何の不自由もない時代に生まれ育った私達が、〝先行き不安〟という言葉さえ知らずに生活していたのは、ついこの間だったような気がします。

ブラウン管が当たり前だったカラーテレビは、幅数センチの液晶画面が目立つようになり、高価だった電子レンジは、今では1万円をきる値札をつけているものさえあります。

1000円均一、100円均一といった薄利多売商売で多くの利益を得る企業も増え、それにつれて、私達は欲しいものを安価で手に入れるようになりました。このように物が豊富な時代の到来とともに、あちらこちらで〝先行き不安〟という言葉を耳にするようにもなりました。

年功序列が〝当たり前〟だった賃金体系はくずれ、賃金は上がるどころか、横ばい、さ

らには、下がることもありの時代になりました。

老後の退職金や年金は〝必ず〟用意される保障はなくなったのです。それまでは、自分の貯金や財産を〝リスク〟のある株式投資に運用する日本人はあまりいませんでした。しかし、〝当たり前〟や〝必ず〟が失われてしまった現在、〝リスク〟を覚悟して資金を株式運用にあてる個人投資家が増えてきたのは当然のことでしょう。

そして、企業自体も個人投資家に頼らなくてはならないほど、日本経済の〝先行き不安〟が現実化してきているのも事実です。

二人の子供をかかえる専業主婦である私も〝先行き不安〟を感じながら、数年前から株式投資を始めました。

株を始めた当初から、そして株取引を毎日のように行っている私が、今でも悩むことは、**「どの銘柄を買おうか」「いつ買おうか」「いくらで売ろうか」**の三つです。

この三つさえクリアできれば、株取引は簡単なものなのです。

私は、この三つの悩みを軽減し、さらに、１日、四十分の株取引時間で、毎月10万円以上の利益を得る方法を見つけました。その方法に従ってやれば、１００万円の元手を持っていれば、それが１年間で倍の２００万円に、２年後は、その倍の４００万円に、５年後には３０００万円以上にすることも不可能ではありません。ウソのように聞こえるかもし

れませんが、実際、本当に実現できたのです。

しかも、私のように家事と子育てをしながらでも、暇を見つけてできる簡単な方法です。ですので、忙しいサラリーマンやＯＬのみなさんでも、きっと同じようにできることを確信しています。

この本では、私の実体験をもとに、毎月株で確実に儲ける成功の秘訣と成功する人の条件を述べています。株で利益を得る方法は知っていても、実行することができなければ、ただの絵に描いた餅になってしまいます。

あなたが、株取引に合った性格や性質の持ち主なのか、どんなところを補えば成功できるのか、自分自信をよく分析して、無理せず株取引に臨むことができれば、〝先行き不安〟は〝先行き楽々〟に変わることでしょう。

本書が、あなたの株式投資お役に立てば、こんなにうれしいことはありません。

２００４年春

山本有花

●目次●

プロローグ

私が株式投資を始めた理由…11

第1章

あなたは株で成功する人？ しない人？……39

この10の扉で、株で成功できるかどうかがわかる！

第2章

これだけ知っていれば安心！ 株の知識10……69

第3章

知って得する！ 信用取引の基礎知識10…97

第4章

失敗・後悔しない！ 山本流銘柄選びの法則10…119

プロローグ

私が株式投資を始めた理由

1 アルバイト生活で会社を見る眼が鍛えられた！

生活費とは別に月、2万円程度のお小遣いがあったらなあと思った……。
働かずに家にいて、月々2万円程度の収入を得られないかなあと考えた……。
実際に毎月、その何倍ものお金を儲けられるなんて想像もしていなかった……。

結婚を機にフルタイムの教員生活にピリオドを打った私は、友人から誘われていたコンピュータの医療ソフト開発会社でアルバイトすることにしました。

以前からパソコンをワープロ的に使ってはいたものの、ソフトウェアの開発なんてやったこともありません。けれども新しいことに挑戦することが好きな私は（言い換えると飽きっぽい私は）、未知の世界に興味津々でした。

私に与えられた仕事は、それぞれの企業にマッチした社員の医療・健康管理ソフトウェアの提案でした。簡単にいうと、文字や図案で提案書を作成し、企業の厚生課に出向いて医療・健康管理ソフトウェアの利用法を提案して、買ってもらうという仕事です。

ソフトを売る相手は厚生課でも、実際に使う人は医者や看護師、保健婦といった医療に

図1　働かずに家にいて、月々2万円くらいのお小遣いが欲しい…

従事する人達。

ですから、健康診断で使われる専門用語、たとえば、GOT、GPT、白血球、赤血球という言葉が飛び交います。私は、運良くバイオテクノロジーの教員でしたし、研究機関で医学、生物学を専攻していた経験もあるので、そうした話は得意でした。

ただ、このソフト、とっても高かったんです。

洋服でいえば、既製服ではなくオーダーメード。企業の規模にもよりますが、一台のパソコンソフトだけでも数百万円、複数のパソコンをつないで使うことが通常ですから、数千万から億単位のビジネスでした。

このような高価なソフトウェアを購入することができる企業は、大企業が多く、誰でも知っているような一部上場企業ばかりでした。

あれ？　株の本なのに、なぜアルバイトの話ばかりなの？　と思う人もいるかもしれませんね。でも、このアルバイトが今の私に大きな利益をもたらしてくれた要因の一つにもなっているので、もうしばらく読んでくださいね。

2 生活の中でよく見かける会社が、株につながる

当時の私は仕事で電話営業というのをやらされました。上場企業に電話した数は、なんと六百件。企業の厚生課に勤めている人は、もともと優しい人が多いのか、あまり電話がかかってこないのか、とにかく、みなさんソフトに対応してくれる人ばかりでした。

大企業といえども、数百万円程度のソフトウェアを買うことができる企業は、そう多くはありません。表向きは社員のため、社員の健康第一といっておきながら、社員の健康管理に大金を使うなら、他にそのお金を回すということが多々みられました。逆に、社員の健康管理にお金がかけられる企業は、かなり潤っている企業ということもわかりました。

なかには、「うちの会社さあ、今年は売り上げが悪くって、ボーナスも減らされそうなんだよ。もっとうちの製品飲んでね。ソフトは当分買えないよう。ごめんね」と内情を教えてくれる人もいました。

そうかと思えば、有名百貨店の健康保険組合のように、「アルバイト社員が病院にかかりすぎるから、会社が健康管理を行って不健康な社員には退職してもらい、医療費負担を1年間で3億円削減したい。ついてはソフトを買いたい」というところもありました。

このアルバイトを始めて、企業の内情に少しばかり触れてみると、おもしろいことに、普段の生活においても企業名にとても敏感になりました。

たとえば、デパートの地下食料品売り場で買い物をしている時に、アルバイトをする前までは、ただ単に、おいしそうな食材や総菜を買うだけでした。それがアルバイトをしはじめてからは、「この総菜屋さんは、どこの会社だろう?」「行列になっているケーキ屋さんの親会社はどこだろう?」「これはまずい! この会社危ないんじゃないかしら」などと気になり出すようになったのです。

また、道を歩いている時でも、電信柱に上って作業をしている人を見ると、無意識に周辺をきょろきょろと見回して、作業している人達が乗ってきた車を探しているのです。「こんな会社知らないけどよく見かける社名だなあ」そんなふうにふと思ったことが、株につながるものなのです。電信柱=電線=電話=NTTという今までの連想は、さらにNTT→電気通信工事=建設業という具合に広がっていったのです。

私のアルバイト生活は、たった半年間で終わりました。

その時は、アルバイトで得たものは、多少のコンピュータ関連の知識だけだと思っていました。しかし、今思えば、儲かっている企業とそうでない企業を見分ける感は、この時期に鍛えられたような気がします。

図2　生活の中で、よく見かける会社が株につながる

ついつい会社名が気になっちゃうのよね

3

株をやってみようと思いついた二週間後には、新米トレーダーに

さて、アルバイト生活の後は、楽しみにしていた失業保険手当生活です。

ちょうど、失業保険が受給されはじめた頃、私は結婚して、お気楽専業主婦になったのです。毎月手渡される、主人からの生活費。

あぁ、働かずにしてお金をいただける喜び、そして、毎月振り込まれる失業保険手当。

あぁ、働かずにして毎月がボーナスのよう。

しかし、失業保険があと一回を残す頃、次第に焦りが出てきました。

こんなことをしていてはまずい。そろそろ働かなくては。家事炊事が不得意な新米専業主婦は、家事を練習するどころか、ショッピングや飲み会と遊び歩き、湯水のごとく生活費と失業保険手当を使っていってしまったのです。

「働こう！」

でも外で働いたら、新米主婦は家事がおろそかになってしまう。完璧な両立は無理。なら、家の中で仕事をしよう。私は、決断が早いのです。

そうと思ったら、インターネットで、〝ＳＯＨＯ〟(Small Office Home Office）を検索。

意外とあるじゃない。自分でもできそうなワープロやホームページ作成など数社に電話。事はとんとん拍子にいくと思っていたのですが、そうはいかないのが世の中の仕組みなのでしょうか。

「この仕事をするには、専用機を買ってください」

「まず、資料を読んで、三カ月以上勉強してもらってから、もちろん、テキスト代がかかります」

つまり、仕事をするにもお金がかかるのです。いえ、甘かった。これは、私に仕事をくれる会社ではなく、専用機やテキスト代で儲ける会社だったのです。

ただ、これも運良く、私は40万円もする専用機等を買わされずにすみました。だって、その時の全財産は、25万円だけでしたから。生活費は全部、失業保険手当もほとんど使ってしまっていたのです。

よし、SOHOはやめよう。私は、すぐに決断しました。

「やっぱり株だ」

株の文字が頭をかすめたとたん、決めました。

その日のうちに、本のリサイクルショップに行き、出版日が新しい順に六冊、株の本を購入しました。なぜ、本屋ではなく、リサイクルショップかと思うでしょう?

普通の本屋でないほうがいいんです。たくさん売れている本は、リサイクルショップに並ぶのが早いからです。

逆に、売れていない本はリサイクルショップに並ぶことさえありません。あまりにも古い出版日のものは除外しますが、当年か、前年度の本でリサイクルショップに置かれていて、さらに、数冊あったらば、〝買い〟ですね。

私は、株がまったくの初めてだったので、とにかく一冊、一冊、熟読しました。意味は、わからなくても、一冊を一行もを飛ばさず読みました。

株を始めるために１２００円を投資し、３日間という時間を費やしてしまいました。もう後戻りはできません。４日目の朝、さっそく実行に移しました。

「あとで、倍にして返すから50万円ぐらい貸して～」

寝起きの主人に、いつもより一オクターブ高い声で頼んでみると、「倍にして返す」が効いたのか、寝ぼけていたのかわかりませんが、簡単に承諾が得られたのです。

あとは、証券会社に連絡をして、資料を取り寄せ、口座を開設。株をやってみようと思いついた2週間後には、私はパソコンの前で新米トレーダーになっていました。

4 テレビをつけているだけでも株の勉強ができてしまう

私が株を始めるまでの2週間、おとなしくしていたでしょうか？　いえ、そんなもったいないことをするはずがありません。とりあえず、パソコンの前に座り、インターネットで「株」を検索したところ、おもしろそうなものに出会いました。「株価予想選手権」というゲームです。毎週、株価に関してのお題が出されて、4週間後の株価を当てるという簡単な内容です。ある銘柄の4週間後の株価に最も近い株価を当てた人から順位がつけられ、十位までに入ると、ホームページに名前が載るのです。さらに、一位だと図書券が500円もらえます。

「口座開設までの練習だ！」とさっそくチャレンジしてみました。

すると株価予想選手権で出題された企業名が偶然、テレビの株式ニュースから流れてきました。テレビをつけていれば、自然に株の勉強ができてしまうなんて、ぐーたら主婦の私にぴったり。こうして、午前中の二十分間の株式ニュースは、私の日課となりました。

それでも午後の時間をどう使おうかと考え、自宅から近い派遣会社と契約して、午後一時から四時半まで働くことにしました。株で、もし大損をしてしまっても主人に返すお金だけは稼いでおこうと、ほんの少しだけ思ったからです。

派遣先は、通信教育最大手企業の人事部でした。専務の会議資料を作成する仕事で、その会社の翌年の人事や新規事業計画、決算報告書などトップシークレット情報を見ることができました。

仕事から帰ると、派遣先の会社の株価チャートを見たり、類似企業を四季報で調べて、派遣先と比較するなど、それが私の趣味のようなものとなりました。

その頃、派遣先の企業では、株式分割の予定があり、社員に株の購入をすすめていました。株式分割の後は、株価が上昇し、儲かることが多いので、人事部の人の半数が株を買ったり、追加購入していました。

しかし、私は心の中で、

「ぜったいにこの会社の株は買いたくないなあ」

と呟いていました。

案の定、後に、株式分割を経て、株価は下降する一方だったのです。

図3　実際の株取引をする前にやったこと

その1　派遣会社でバイトした結果、企業を見極める眼が鍛えられる

その2　1200円を投資して株の本を6冊購入、株の知識を習得する

その3　「株価予想選手権」に挑戦。株取引の実践法を習得する

5

初めて買った株で約3万円儲けた！

さて、主人から借りた50万円と失業保険手当の残高など50万円、合わせて１００万円。これで私が最初に買った銘柄は何だったでしょうか？　それは、「大同特殊鋼」という会社でした。なぜ、この銘柄かというと、何年も前に、母が証券会社にすすめられていた企業だったからです。時期はともかく、株のプロがすすめる企業とはどういうものなのか？　真新しい四季報で調べてみると、企業紹介の一番最初の行に、「世界最大級の特殊鋼専業……」と書かれていました。私って、日本一、世界一という言葉にイチコロなんです。

インターネットで株価チャートを見てみると、チャートは底に近い。

「いける！　明日、買いだ！」

強気で実行すると、１週間たっても２週間たっても足踏み状態。３週間目には、ビールが飲めないほど胃が痛くなってきたものです。そして、忘れもしない28日目。**株価が徐々に上昇してきて、ようやく買った値段よりも上がったのです。**

「やった！　売りだー」

私は、初めての株取引で、約３万円を儲けることができました。

図4　初めての株取引で3万円儲けた!

大同特殊鋼の株価チャート

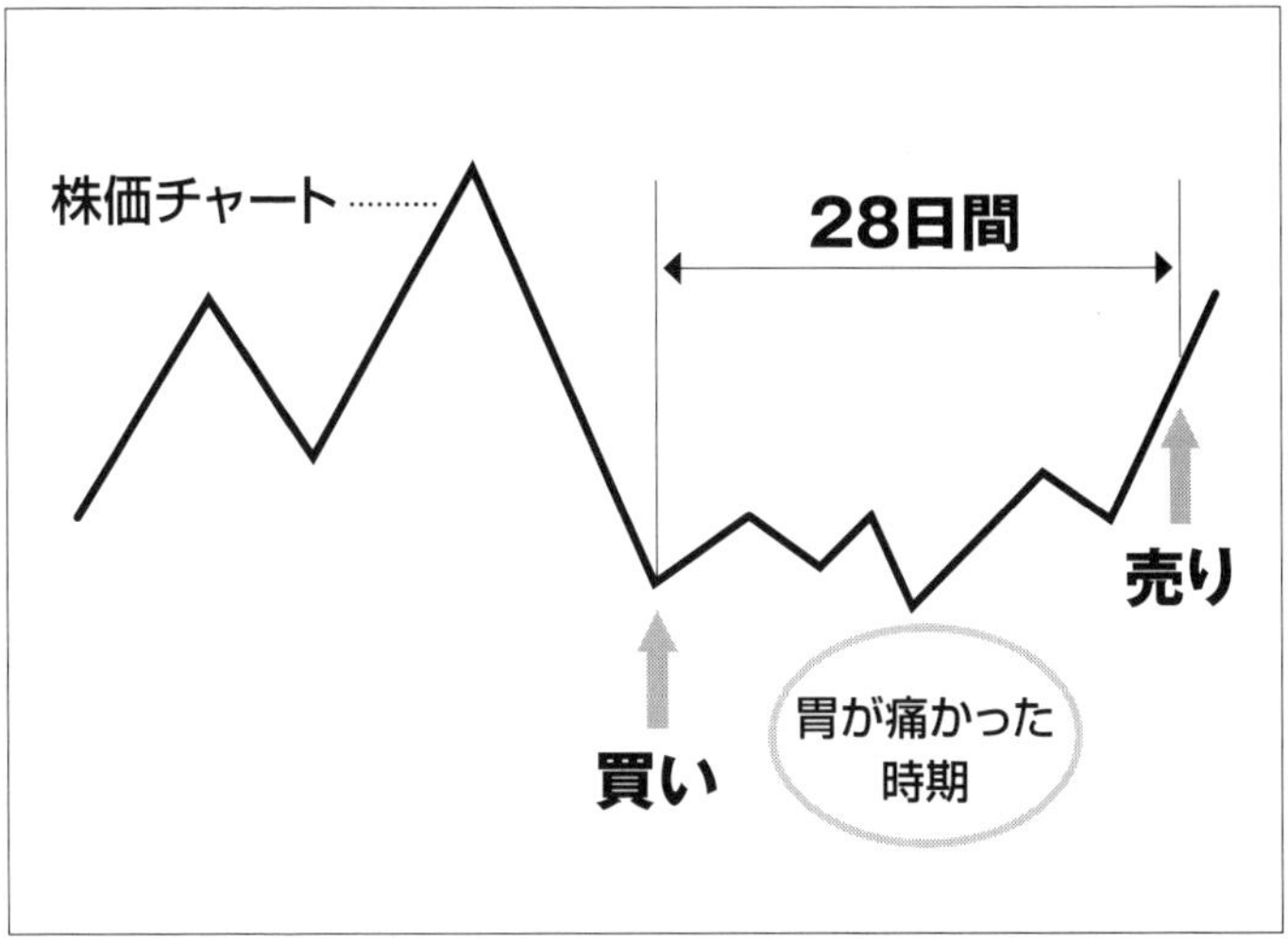

株価予想選手権で一位を獲得

うれしいことに、大同特殊鋼が売れた日に、一通の封書が届きました。中を開けてみると一枚の図書券と数行の手紙。

「一位おめでとうございます。わずかですが、賞品としてお受け取りください。株価予想選手権……」

「やったー！　一位だー」

すっかり忘れていた株価予想選手権のサイトを見てみると、なんと私のハンドルネーム「ユカちゃん」が一番上に掲載されているではありませんか!?

単純ですが、私は、この日に、自分が株に向いていることを確信したのです。

本から得た知識と持ち前の勘と度胸と決断力で、半年後には、１００万円の元手は１５０万円になっていました。この分でいけば、一年後には、３００万円になることを期待して、がんばってみました。

6 相場が下がる一方で買う銘柄が見つからない……もう信用取引を始めるしかない！

しかし、経済もだんだんと傾きはじめ、株の低迷期へと突入していきました。

さらに、子供も生まれ、育児と家事で、株の研究や取引する時間もあまりとれなくなってしまいました。一カ月間に投資金額の一割程度ずつ増やしてきた儲けも、始めて1年後くらいになると一割を切るどころか、株価の下落により、月によってはマイナスになることもありました。

「ここで終わったら、そのうち、主人から借りた50万円さえ返せなくなる」と、一日悩みに悩みました。そして、謙虚になって、家事と育児をしながら、家にいて、自分の自由に使えるお小遣い程度、毎月、2万円ぐらい儲けられればいいじゃないかという結論に達したのです。

しかし、もう遅かった。

気持ちは謙虚になっても、株価は低迷するばかりで、買う株が見つからない……。もっと時間があれば、株価チャートや企業のデータが見られるのに……。そうすれば、上がっている株が見つけられるかもしれない。

悩みに悩んで、翌日、信用取引をすることに決めました。

信用取引というのは、自己資金の三倍までの取引ができる制度です。単純に考えて、儲けも三倍になるだろうということが始めた理由の一つでした。

しかし、もっと大きな理由は、株価が低い時に買って、上がったら売るという通常の取引とは反対のことができるからでした。つまり、信用取引では、「株価が高い時に、株を証券会社から借りて売り、さらに下がったら株を買い戻すことができる」のです。これなら、株価が下がっているチャートの企業でも株取引ができますよね。

株価チャートが上がっても下がっても、どちらでも取引ができるのなら、取引する銘柄探しにそう時間はかかりません。案の定、子供にミルクをあげながら、子供が昼寝をしている間の数十分を使って、取引できそうな銘柄を探すことができるようになりました。

また、信用取引で、自分が株の口座に預けている三倍ものお金を使って、取引ができるようになり、これまで以上に、たくさんの株数を売買できるようになったので、利益を何倍にも増やすことが可能になりました。

ただ、ここで思い違いをしてはいけないことがあります。それは、利益が大きいということは、その分、損失（リスク）も大きいということです。

株取引の成功の秘訣は、自分自身を過大評価せずに、謙虚に行うことだと思っています。

図5　通常の株取引と信用取引の違い

通常の株取引

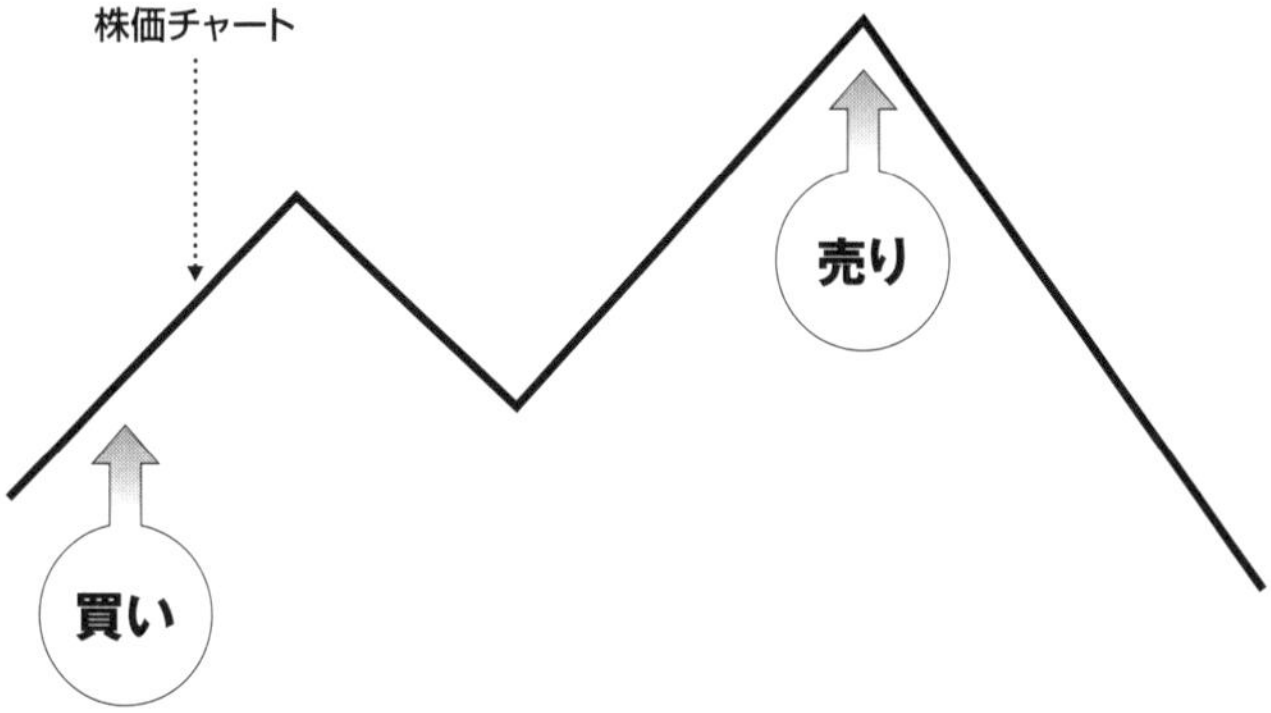

株価が低い時に買い、株価が高い時に売ると
利益が得られる

信用取引

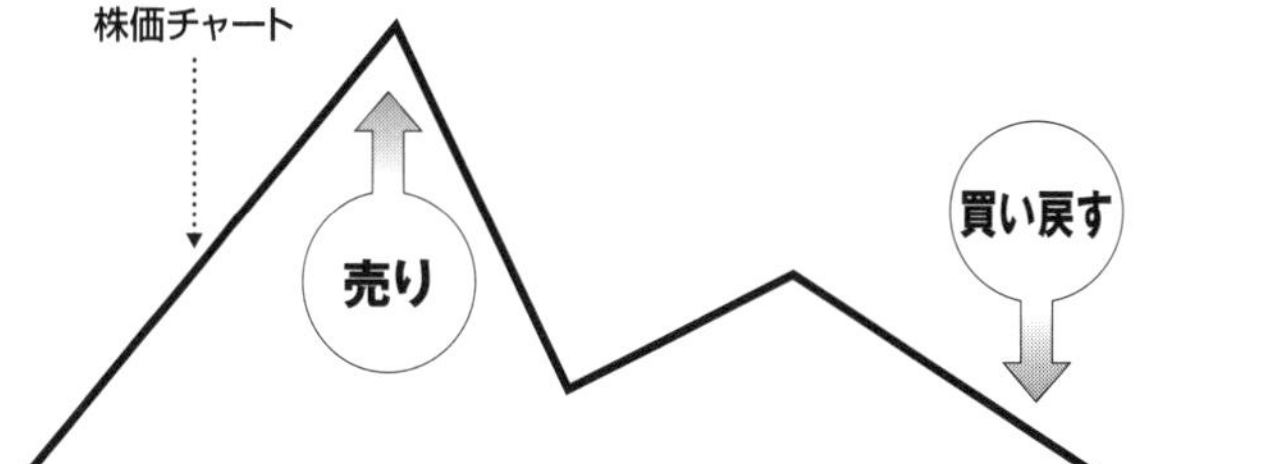

信用取引は、通常の取引の他に株価が高い時に売り、
株価が低い時に買い戻す、という取引もできる

少しずつでも、「確実に利益を確保する」。私は常にこれを肝に銘じて取引をしています。

一割儲かったらよしとする

どれくらいが少しずつなのか、どのくらいを目標にして利益を確保するのか、というのは、トレーダーによって千差万別です。しかし、私の方法では、毎月、元手の10%の儲けを目標としています。もちろん、10%儲かったから、今月は株をやらない、ということではありませんが、一割儲かったらよしとしよう、ぐらいの気持ちの余裕を持って取引をしています。

なぜ、10%なのかと聞かれると困ってしまうのですが、おそらく自分が主婦で、主人から生活費をもらう立場だからだと思います。生活費の中で、自分と子供のお小遣いとして、もらった額の一割程度を使ってもよいと勝手に考えているだけなのですが……。10万円もらっていたら、1万円を好きなものに使う、15万円なら1万5000円は、自分と子供の欲しいものを買ってしまうという考えです。

これから株をやってみようと考えているみなさんも、一割程度という考えなら気楽に始められるのではないでしょうか。

7

100万円が1年で200万、2年で400万、5年で3000万円以上になった!

ただし、一割とあなどってはいけませんよ。

たとえば、100万円の元手があるとします。その10%は、10万円ですよね。毎月、10万円の利益を確保すると、利益だけで年に120万円になります。

しかし、そうは、うまくいきませんし、時には、夏休み、冬休みもとりますから、年間、正味、10カ月と考えて、100万円の利益です。

ここで、元手の100万円とあわせると、倍の200万円になります。翌年は、元手が200万円ですから、その10%は、20万円。同様に考えれば、その一年後は、倍の400万円。こうして、計算していくと五年後には、3000万円以上になるのです。たかが、一割ですが、されど一割なんです。

「ま・さ・か」と思われる方も多いはずです。

私も、「まさか」と思いました。でもできちゃうんですから、仕方がないでよね。

その証拠といっては何ですが、私の最近の株取引の成績(取引報告書)を32～36ページに掲載しましたので、ご覧ください。

株取引に費やせる時間は、一日のうち朝の四十分だけ

私は、現在、一歳と三歳になったばかりの子供がいます。朝起きて、朝食の支度、掃除、洗濯、公園、買い物、昼食、散歩、夕食という毎日です。

一日のうちで、株の取引に費やせる時間は、朝の四十分だけです。

夜、子供が眠ってから、株のチャートを少し見るぐらいで、現在まで**「一割利益確保の法則」**を実現できています。

朝から晩まで、株のために時間を費やせる方は別として、私と同じ主婦やサラリーマンであまり時間がとれない方、でも株には興味があって、お金を少しずつでも増やしていきたいという気持ちのある方なら、ぜひこの本を読んで試してみてください。

お金が増えていくのは、もちろんのこと、知識や夢もふくらんで、きっと毎日が楽しくなることでしょう。

では、次章から順を追って、私が実践している「株の成功法則」を具体的に説明していきましょう。

図6　100万円から始め月1割ずつ増えると、5年で3200万円に！

1年で株取引ができる期間を
正味10カ月と考えて…

1年で	100万円は、200万円に
2年で	200万円が400万円
3年で	400万円が800万円
4年で	800万円が1600万円
5年で	1600万円が3200万円

ジャーン！
1カ月10％の利益を
目標とすればいいだけ

図7　これが最近の私の株取引の成績①

[redacted]（　[redacted]）

信用取引　取引報告書

作成日：2004年　3月23日
特定口座：源泉徴収あり

山本 [redacted] 様

取扱店	口座番号	係	ご精算日
[redacted]	[redacted]	[redacted]	3月26日

銘柄名	銘柄コード	決算期	取引区分	弁済期限
エコナック	3521	3／末	信用取引	6ヶ月　期限

摘要	約定年月日	執行市場	株数（株）	単価（円）	金額（円）	売買差額（円）
建玉　（買）	04．03．23	東京	20，000	54．00	－1，080，000	＋140，000
売　決済	04．03．23	東京	20，000	61．00	＋1，220，000	

委託手数料（新規）（決済）（円）	消費税（新規）（決済）（円）	管理費（円）	金利（お支払）（円）	日数（日）	逆日歩（お受取）（円）	名義書換料（円）	貸株料（円）
550 550	27 27		56	1			

建玉区分：特定対象

ご精算金額（円）（お受取り）
138，790

イー・トレード証券株式会社
（取扱店）インターネット

[redacted]

[redacted]（　[redacted]）

信用取引　取引報告書

作成日：2004年　3月24日
特定口座：源泉徴収あり

山本 [redacted] 様

取扱店	口座番号	係	ご精算日
[redacted]	[redacted]	[redacted]	3月29日

銘柄名	銘柄コード	決算期	取引区分	弁済期限
東京エレクトロン	8035	3・　9／末	信用取引	6ヶ月　期限

摘要	約定年月日	執行市場	株数（株）	単価（円）	金額（円）	売買差額（円）
建玉　（買）	04．03．23	東京	400	6，540．00	－2，616，000	＋8，000
売　決済	04．03．24	東京	400	6，560．00	＋2，624，000	

委託手数料（新規）（決済）（円）	消費税（新規）（決済）（円）	管理費（円）	金利（お支払）（円）	日数（日）	逆日歩（お受取）（円）	名義書換料（円）	貸株料（円）
440 550	21 27		544	4			

建玉区分：特定対象

ご精算金額（円）（お受取り）
6，418

イー・トレード証券株式会社
（取扱店）インターネット

[redacted]

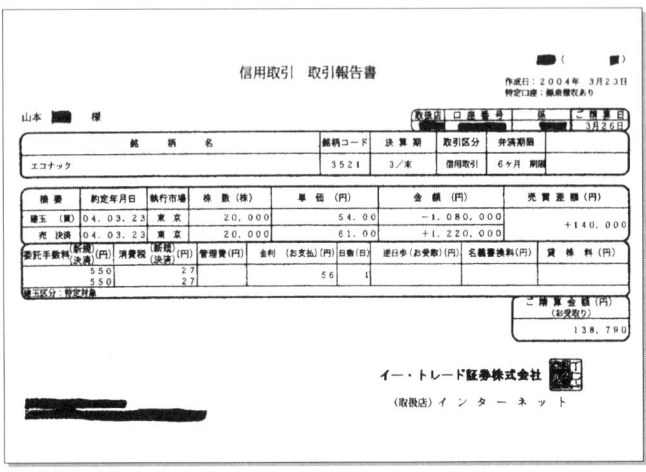

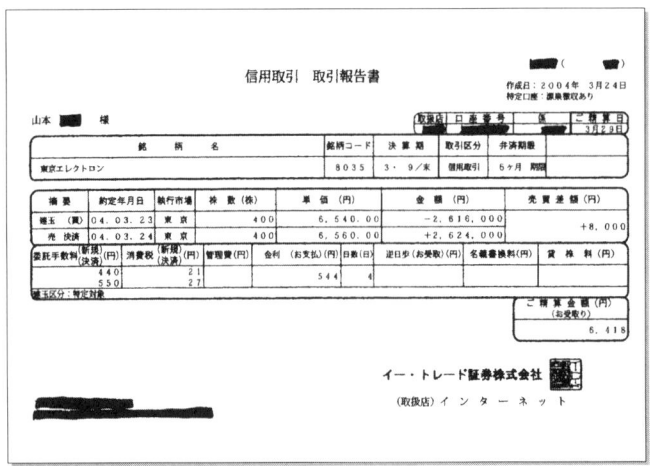

[redacted]([redacted]

信用取引　取引報告書

作成日：2004年　3月29日
特定口座：源泉徴収あり

山本 [redacted] 様

取扱店	口座番号	係	ご精算日
[redacted]	[redacted]	[redacted]	4月 1日

銘柄名	銘柄コード	決算期	取引区分	弁済期限	
丸善	8236	3・9／末	信用取引	6ヶ月 期限	

摘要	約定年月日	執行市場	株数(株)	単価(円)	金額(円)	売買差額(円)
建玉 (買)	04.03.26	東京	5,000	200.00	−1,000,000	+60,000
売 決済	04.03.29	東京	5,000	212.00	+1,060,000	

委託手数料(新規)(決済)(円)	消費税(新規)(決済)(円)	管理費(円)	金利(お支払)(円)	日数(日)	逆日歩(お受取)(円)	名義書換料(円)	貸株料(円)
550 550	27 27		52	1			

建玉区分：特定対象

ご精算金額(円)(お受取り)
58,794

イー・トレード証券株式会社

(取扱店)イ ン タ ー ネ ッ ト

[redacted]

[redacted]([redacted])

信用取引　取引報告書

作成日：2004年　3月31日
特定口座：源泉徴収あり

山本 [redacted] 様

取扱店	口座番号	係	ご精算日
[redacted]	[redacted]	[redacted]	4月 5日

銘柄名	銘柄コード	決算期	取引区分	弁済期限	
日本配合飼料	2056	3・9／末	信用取引	6ヶ月 期限	

摘要	約定年月日	執行市場	株数(株)	単価(円)	金額(円)	売買差額(円)
建玉 (買)	04.03.25	東京	5,000	183.00	−915,000	+65,000
売 決済	04.03.31	東京	5,000	196.00	+980,000	

委託手数料(新規)(決済)(円)	消費税(新規)(決済)(円)	管理費(円)	金利(お支払)(円)	日数(日)	逆日歩(お受取)(円)	名義書換料(円)	貸株料(円)
550 550	27 27		333	7		262	

建玉区分：特定対象

ご精算金額(円)(お受取り)
63,251

イー・トレード証券株式会社

(取扱店)イ ン タ ー ネ ッ ト

[redacted]

図8　これが最近の私の株取引の成績②

[redacted]（[redacted]）

信用取引　取引報告書

作成日：２００４年　４月　２日
特定口座：源泉徴収あり

山本 [redacted] 様

取扱店	口座番号	係	ご精算日
[redacted]	[redacted]	[redacted]	4月　7日

銘柄名	銘柄コード	決算期	取引区分	弁済期限	
サクラダ	５９１７	３・　９／末	信用取引	６ヶ月　期限	

摘要	約定年月日	執行市場	株数（株）	単価（円）	金額（円）	売買差額（円）
建玉　（買）	０４．０４．０２	東京	９，０００	１５９．００	－１，４３１，０００	＋３３３，０００
売　決済	０４．０４．０２	東京	９，０００	１９６．００	＋１，７６４，０００	

委託手数料（新規）（決済）（円）	消費税（新規）（決済）（円）	管理費（円）	金利（お支払）（円）	日数（日）	逆日歩（お受取）（円）	名義書換料（円）	貸株料（円）
２４８ ２４８	１３ １２		７４	１			

建玉区分：特定対象

ご精算金額（円）（お受取り）
３３２，４０５

イー・トレード証券株式会社

（取扱店）インターネット

[redacted]

[redacted]（[redacted]）

信用取引　取引報告書

作成日：２００４年　４月　６日
特定口座：源泉徴収あり

山本 [redacted] 様

取扱店	口座番号	係	ご精算日
[redacted]	[redacted]	[redacted]	4月　9日

銘柄名	銘柄コード	決算期	取引区分	弁済期限	
宇部興産	４２０８	３・　９／末	信用取引	６ヶ月　期限	

摘要	約定年月日	執行市場	株数（株）	単価（円）	金額（円）	売買差額（円）
建玉　（買）	０４．０４．０６	東京	５，０００	１７７．００	－８８５，０００	＋３５，０００
売　決済	０４．０４．０６	東京	５，０００	１８４．００	＋９２０，０００	

委託手数料（新規）（決済）（円）	消費税（新規）（決済）（円）	管理費（円）	金利（お支払）（円）	日数（日）	逆日歩（お受取）（円）	名義書換料（円）	貸株料（円）
５５０ ５５０	２７ ２７		４６	１			

建玉区分：特定対象

ご精算金額（円）（お受取り）
３３，８００

イー・トレード証券株式会社

（取扱店）インターネット

[redacted]

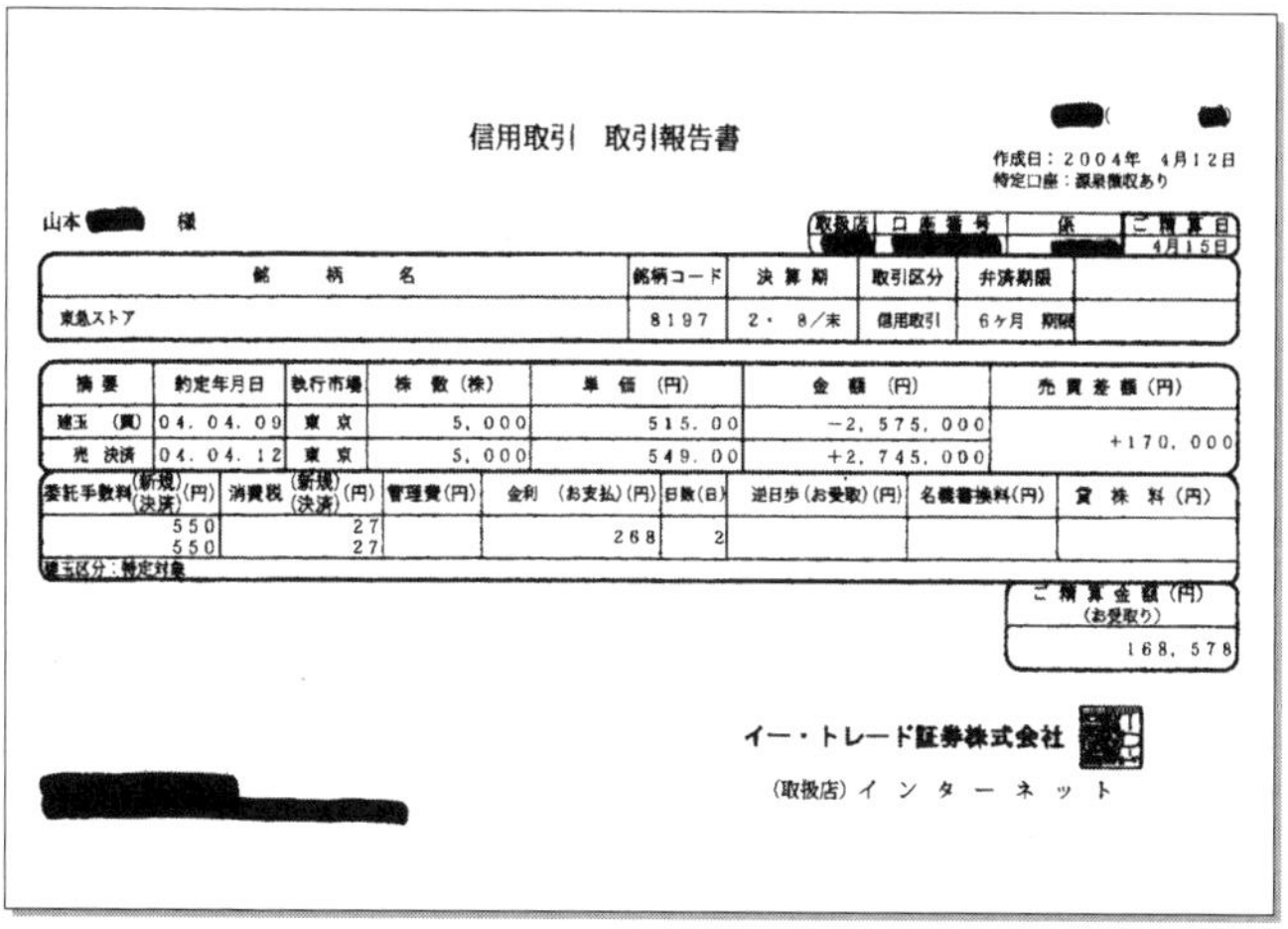

[redacted]（ [redacted]）

信用取引　取引報告書

作成日：2004年　4月12日
特定口座：源泉徴収あり

山本[redacted]　様

取扱店	口座番号	係	ご精算日
[redacted]	[redacted]	[redacted]	4月15日

銘柄名	銘柄コード	決算期	取引区分	弁済期限	
東急ストア	8197	2・8／末	信用取引	6ヶ月 期限	

摘要	約定年月日	執行市場	株数（株）	単価（円）	金額（円）	売買差額（円）
建玉（買）	04.04.09	東京	5,000	515.00	−2,575,000	+170,000
売 決済	04.04.12	東京	5,000	549.00	+2,745,000	

委託手数料（新規）（決済）（円）	消費税（新規）（決済）（円）	管理費（円）	金利（お支払）（円）	日数（日）	逆日歩（お受取）（円）	名義書換料（円）	貸株料（円）
550 550	27 27		268	2			

建玉区分：特定対象

ご精算金額（円）（お受取り）
168,578

イー・トレード証券株式会社

（取扱店）インターネット

[redacted]

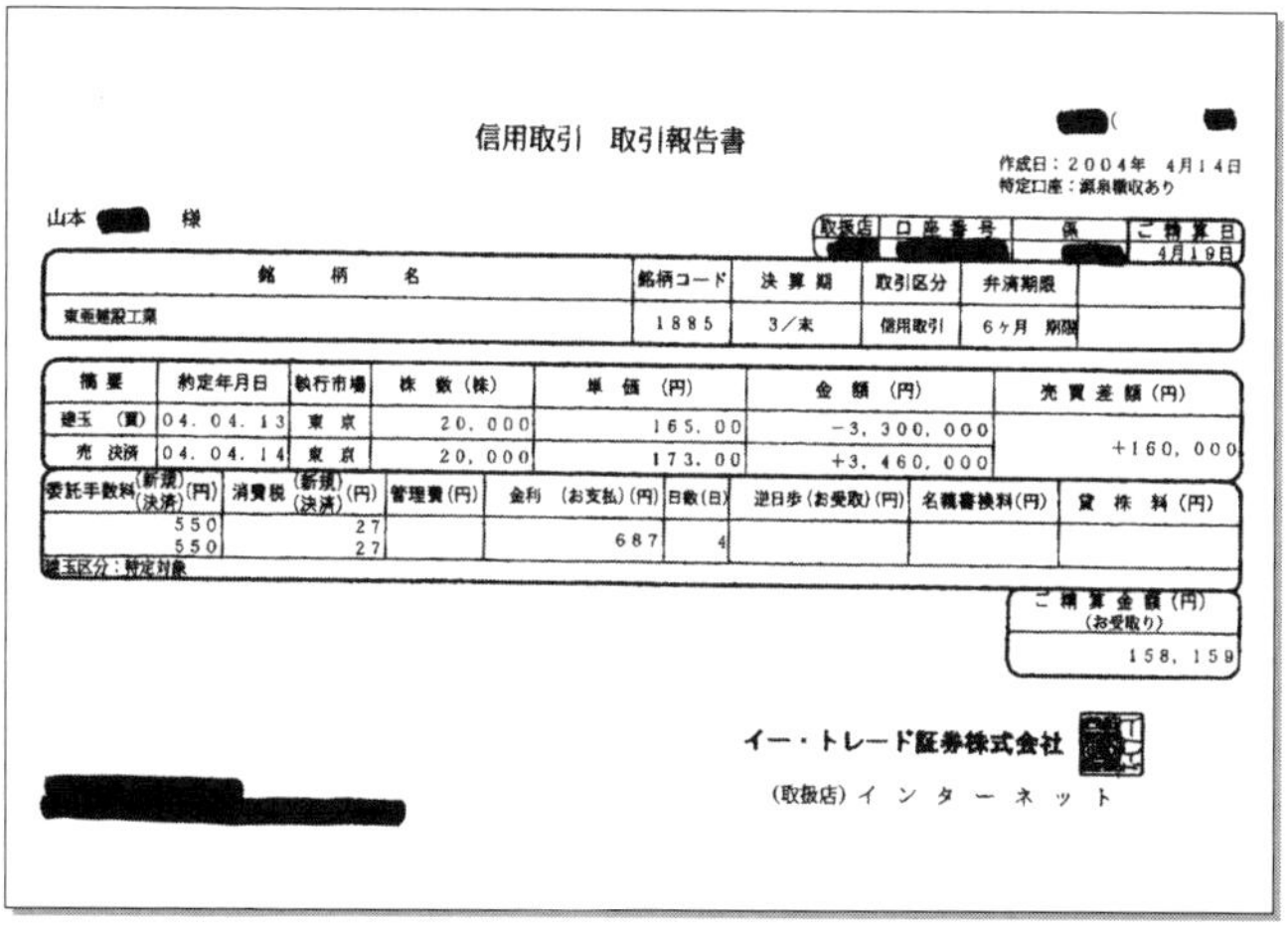

[redacted]（ [redacted]）

信用取引　取引報告書

作成日：2004年　4月14日
特定口座：源泉徴収あり

山本[redacted]　様

取扱店	口座番号	係	ご精算日
[redacted]	[redacted]	[redacted]	4月19日

銘柄名	銘柄コード	決算期	取引区分	弁済期限	
東亜建設工業	1885	3／末	信用取引	6ヶ月 期限	

摘要	約定年月日	執行市場	株数（株）	単価（円）	金額（円）	売買差額（円）
建玉（買）	04.04.13	東京	20,000	165.00	−3,300,000	+160,000
売 決済	04.04.14	東京	20,000	173.00	+3,460,000	

委託手数料（新規）（決済）（円）	消費税（新規）（決済）（円）	管理費（円）	金利（お支払）（円）	日数（日）	逆日歩（お受取）（円）	名義書換料（円）	貸株料（円）
550 550	27 27		687	4			

建玉区分：特定対象

ご精算金額（円）（お受取り）
158,159

イー・トレード証券株式会社

（取扱店）インターネット

[redacted]

図9　これが最近の私の株取引の成績③

[redacted]（　[redacted]）

信用取引　取引報告書

作成日：２００４年　４月２０日
特定口座：源泉徴収あり

山本 [redacted] 様

取扱店	口座番号	係	ご精算日
[redacted]	[redacted]	[redacted]	４月２３日

銘柄名	銘柄コード	決算期	取引区分	弁済期限
ダイエー	８２６３	２・８／末	信用取引	６ヶ月 期限

摘要	約定年月日	執行市場	株数（株）	単価（円）	金額（円）	売買差額（円）
建玉（買）	０４．０４．１９	東京	５，０００	４８５．００	−２，４２５，０００	＋３５，０００
売 決済	０４．０４．２０	東京	５，０００	４９２．００	＋２，４６０，０００	

委託手数料（新規）（決済）（円）	消費税（新規）（決済）（円）	管理費（円）	金利（お支払）（円）	日数（日）	逆日歩（お受取）（円）	名義書換料（円）	貸株料（円）
５５０ ５５０	２７ ２７		２５２	２			

建玉区分：特定対象

ご精算金額（円）（お受取り）
３３，５９４

イー・トレード証券株式会社

（取扱店）インターネット

[redacted]

[redacted]（　[redacted]）

信用取引　取引報告書

作成日：２００４年　４月２２日
特定口座：源泉徴収あり

山本 [redacted] 様

取扱店	口座番号	係	ご精算日
[redacted]	[redacted]	[redacted]	４月２７日

銘柄名	銘柄コード	決算期	取引区分	弁済期限
塩野義製薬	４５０７	３・９／末	信用取引	６ヶ月 期限

摘要	約定年月日	執行市場	株数（株）	単価（円）	金額（円）	売買差額（円）
建玉（買）	０４．０４．２１	東京	２，０００	１，６９６．００	−３，３９２，０００	＋１３６，０００
売 決済	０４．０４．２２	東京	２，０００	１，７６４．００	＋３，５２８，０００	

委託手数料（新規）（決済）（円）	消費税（新規）（決済）（円）	管理費（円）	金利（お支払）（円）	日数（日）	逆日歩（お受取）（円）	名義書換料（円）	貸株料（円）
５５０ ３６７	２７ １８		３５３	２			

建玉区分：特定対象

ご精算金額（円）（お受取り）
１３４，６８５

イー・トレード証券株式会社

（取扱店）インターネット

[redacted]

第1章

あなたは株で成功する人？ しない人？

この10の扉で、株で成功できるかどうかがわかる！

第1の扉

First Door

すぐに使わないお金が100万円以上あるか？

この章では、月に10万円以上確実に儲けることができる、株の成功者になれるか否かを見極めることができます。まずは、ともかく次のページの扉にある質問を見てください。あなたの答えがイエスなら、このページは読まずにとばしても結構です。さらに、その次のページの答えもイエスなら、そのページも読まなくてもかまいません。すべての答えがイエスだったあなたは、株の成功者への階段を確実に上っていける人だといえるでしょう。

さて、第一番目の扉に書かれた質問の答えがノーという人は（あぁ、株で儲けることはできないんだ）と、悲観しないでください。決して、株で成功しないわけではないのですから。ただ、この本のタイトルのように、確実に月々10万円以上のお金を儲けるには、少々、資金不足ということだけなのです。

１００万円の二分の一、あるいは三分の一程度の投資資金でも、時間はかかるかもしれませんが、株の成功者としての資格は十分にあります。

図10 第1の扉

FIRST DOOR
あなたには
現在すぐには使わない
余裕のあるお金が
100万円以上ある
Yes
なら次の扉へ

答えがNoでも心配することはありません。
右のページを読んでSecond Doorに進みましょう。

第2の扉

Second Door

株取引を始めて半年以上経つ?

ここでは、株取引の経験の有無、また、すでに取引を行ってどのくらい経っているかについてたずねています。株に投資できる資金の額にもよりますが、できるだけ多くの儲けを確実に得るためには、信用取引という方法を利用することをおすすめします。なので、ある程度の株取引経験が必要です。証券会社によっては、株を始めてから一年以上の取引経験がなければ、信用取引用の口座を開けないところもあります。

また、株式の投資経験があることだけが条件という証券会社もあります。投資経験(取引経験)については、自己申告だけですから、極端にいえば、まったく株の取引を経験したことのない初心者でも信用取引はできてしまうわけです。しかし、信用取引=儲かるではありません。むしろ未経験の人が背伸びをして行うと通常よりずっとリスクの高い取引になってしまいます。やはり、株をこれから始めようという人は、ウォーミングアップとして、少なくとも半年あるいは、二十～三十回程度の株取引を経験したほうがよいでしょう。この間に、株取引に十分慣れ、知識や勘を養って、数万円、たとえ数千円でもプラスになったら上出来です。急がば回れ、株の成功者になるためには、焦りは禁物です。

図11 第2の扉

SECOND DOOR
あなたは
株取引を始めて
半年以上経つ！
Yes
なら次の扉へ

答えがNoのあなたは、第2章を読んで、まずは証券会社に口座を作りましょう。すでに、口座を開設している人は、もう少し経験をつめばOK。次の扉へ進みましょう。

第3の扉

Third Door

近い将来、買いたい物、お金を使いたい何かがあるか？

株に興味を持つ人の大半は、何かを買いたい、何かにお金を使いたいという人でしょう。株ですぐにでも儲けたい、早く成功したいと考えているのでしたら、買いたい物やお金を使いたい時期が、近い将来にある人のほうが現実となる可能性が高いでしょう。

つまり、20万円貯まったらカーナビが買いたい、50万円儲かったらヨーロッパ旅行に行こう、などです。この程度の目標でしたら、数カ月から一年後には、達成できるかもしれません。もう少しで、目標達成だ！　と思ったら、新聞を読むのが嫌いな人でも新聞を読むでしょうし、株のチャートを分析するのが苦手な人も、チャートが大好きになるくらい研究熱心になるでしょう。さらに、目標を達成したら、「よし、今度は、新車を買うぞ！」と新たな目標に挑戦したくなるはずです。目先の小さな目標でも達成すれば、それは自信につながります。最初は小さな自信でも積み重ねることで、やがて大きな自信になります。大きな自信は、大きな成功にもつながっていくのです。

もし、儲けたお金を使う目的もないのに、株をやってみようという人がいるならば、あまり儲けの金額を気にせずに楽しみながらやってみてはいかがでしょう。

図12 第3の扉

THIRD DOOR
近い将来、
買いたい物
または
お金を使いたい
何かがある
Yes
なら次の扉へ

答えがNoのあなたは、何のために株をやってみたいのかをよく考えてみましょう。きっと、あなたの気づかない目的があるはずです。考えながら次の扉へ進んでみましょう。

第4の扉

Fourth Door

どちらかといえば短気？

株は、釣りと同じかもしれません。じっくり魚がかかるのを待つことのできる気長な人が釣り上手かといえば、その逆で、むしろ短気な人のほうが釣りに向いているそうです。株もどちらかというと、気長な人よりは、短気な人のほうが向いているようです。もちろん、短気すぎるのも困りものですが、適度に気が短い方がいいようです。言い換えれば、俊敏さともいえます。何の株を買おうかと、のんびり、じっくり何日も考えていると、買い時だった株もいつのまにか、時期を逃してしまいます。株の売買には、適した時期というものがありますので、俊敏に株を選び、売買を実行することが望ましいのです。

特に、信用取引をする場合には、一つの銘柄について半年間で売買をすることが決められていますので（現在は、無期限信用もあり）、なるべく早く、買った株は売り、売った株は買い戻すことです。できれば、一週間以内に売買は終了させようという気持ちぐらいで行ったほうがいいでしょう。最後に、どちらかというと短気がいいとは述べましたが、すぐに頭にきて怒り爆発という人は、あまり取引には向かないかもしれません。株取引は、あくまでも冷静にかつ俊敏さが要求されるからです。

図13　第4の扉

FOURTH DOOR
どちらかといえば
短気？
Yes
なら次の扉へ

答えがNoのあなたは、どちらかというと、のんびり屋さんでしょうか。期間を決めて計画的に株取引を行うといいでしょう。さあ、次の扉へ進みましょう。

第5の扉

Fifth Door

二つに一つ、選んだ結果についてくよくよしないほう？

どちらかを選ばなければならない時、「選ぶ前」に、よく考え込んでしまいますか。それとも「選んだ後」の結果について後悔しますか。「選ぶ前」と答えた人は、石橋を叩いて渡る慎重なタイプなのでしょう。「選んだ後」と答えた人は、物事を悪く考えてくよくよと悩んでしまう人かもしれません。「選ぶ前」と「選んだ後」の両方とも考え込んで後悔してしまう人は、ある意味、責任感が強い人ともいえます。「自分がもう一つの道を選んで入れば、こんなことにはならなかった」「こうなったのは、すべて自分の責任だ」と、常にこんなことばかり考えて株取引をしていたら、胃に穴があいてしまうでしょう。

二つに一つ、どちらを選んだとしても、要は結果が良ければいいのです。「あっちの株を買っていればもっと儲かったかもしれないのに」と思わず、「こっちの株を買って少しでも儲かったのだからよかった」と思いましょう。これは、いくらで株を売ろうかという時にも同様です。５００円で売ろうか、それとも５５０円で売ろうかという時に、「５５０円で売れてよかった」という時もありますが、「５００円だから売れたんだ」ということもあるので、どちらを選んだとしても自分の選んだほうがよかったんだと思うことです。

図14　第5の扉

FIFTH DOOR
2つに1つ、
選んだ結果について
くよくよしないほう？
Yes
なら次の扉へ

答えがNoのあなたは、今日からくよくよ悩むのは、
短時間だけ。次があるさ、と前向きにがんばりましょう。
さあ、生まれ変わったあなたは、次の扉へどうぞ。

第6の扉

Sixth Door

新しい環境にすぐ対応できる？

あなたのこれまでの人生を振り返ってみてください。

小学校の時、なかなかクラスメートに声がかけられなくて、親しい友達ができなかった覚えはありませんか。高校受験の時、合格間違いなしと太鼓判を押されていたにもかかわらず、入試当日にお腹が痛くなって実力を出し切れなかったことがありませんか。職場で、人事異動。今までの職種と変わって、なかなか仕事をのみこめなくて、辞めたくなったことはありませんか。

もしあなたが、右記の経験と似たようなことがあったら、これからは、新しい環境にすぐ慣れるよう努力しましょう。努力で直るものかと、不安がらずに、自分を信じてください。肩の力を抜いて、まずは与えられた環境に興味を持って、楽しみましょう。

株取引をしていると、様々な局面に出会います。楽しいことばかりではないかもしれません。経済が不安定なこの時勢、株価暴落、企業の倒産ニュースなど、いちいちめげていては、身が持ちません。悪い環境でも恐れず、しっかりと現実を受け止めて、よりよい株取引の方法を考え、実行していくことが大切なのです。

図15 第6の扉

SIXTH DOOR
新しい環境に
すぐ対応できる？
Yes
なら次の扉へ

答えがNoのあなた。経験を積んでいくうちに、
適応性、順応性は養われるものです。
大丈夫、不安がらずに次の扉の質問を見てみましょう。

第7の扉

Seventh Door

いいと思ったら新しいことにもチャレンジできる？

誰でも新しいことや今まで未経験のことにチャレンジするのは、勇気がいるものです。みんながやってるから私もやってみよう、あの人の後についていけば安心だ、と思うことは、決して恥ずかしいことではありません。しかし、株の成功者になってみたいのなら、ここは一歩も二歩も進んで、新しいことにチャレンジしてみてはどうでしょうか。

人から薦められたからといって、また、儲かる話を聞いたからといって、すぐさまチャレンジすればいいわけではありません。株で成功するためには、「なぜこの方法がいいのか」「その方法を確実にするためにはどんな努力をすればいいのか」「自分ができることなのか」などをよく考え、自分自身で判断し、自分で納得することができたなら、ぜひチャレンジしてみてください。チャレンジしなければ、良いことも何も起こらないのです。

もう一つ大事なことは、自分自身で判断し、納得したことは、どんな結果になっても他人や他のもののせいにしないということです。株取引は、自己責任が大前提です。チャレンジするかしないかも自分次第、成功者になるか否かも自分次第、このことを肝に銘じてチャレンジすれば、きっと株の成功者としての道が開けることでしょう。

図16　第7の扉

SEVENTH DOOR
自分自身が
いいと思ったら
新しいことにも
チャレンジできる？
Yes
なら次の扉へ

答えがNoのあなたは、自分に自信がないのかもしれませんね。
誰でも、大きな可能性を秘めています。
もっと自分に自信を持って次の扉へと進んでみましょう。

第8の扉

Eighth Door

あなたは、足ることを知る人か？

扉の答えがノーの人は、おそらく何をしても「もっといいことがあるはず」「もっともっと上を目指そう」と、今の自分や環境に満足していない人でしょう。言い換えれば、ハングリー精神に似たものかもしれません。ハングリー精神は、ボクサーの世界チャンピオンや東大を主席で卒業した人などの成功話によく出てくる言葉で、良い意味にとることが多いのも事実です。けれども、これは、大成功をした人に対してで、たとえば、一度も勝ったことのない弱いボクサーや何浪もして東大を目指しているだけで、いつまでたっても入学できない人には、ハングリー精神というステキな言葉は使われないようです。

私達は、いつ叶うかわからない夢に対して、時には諦めや絶望を感じます。諦めや絶望感は、繰り返されると悪い方向にばかり考えるようになり、本当はあともう少しだったかもしれないのに、夢を捨ててしまうこともあります。それなら、目の前の小さな夢や目標を持ってみてはどうでしょう。確実に目標を達成していったら、必ず自信がつきます。小さな満足かもしれませんが、満足感、達成感を味わえるのです。「よーし、次もがんばるぞー」と、次の小さな夢や目標に向かって、またがんばる気持ちにさせてくれるでしょう。

図17　第8の扉

EIGHTH DOOR
あなたは、
足ることを知る人？
Yes
なら次の扉へ

答えがNoだったら、もう一度、自分の人生を振り返ってみてください。本当は、今までに何度も満足感や達成感を味わっていたはずです。きっと見逃してしまっているだけでしょう。一つでも思い出すことができたら、次の扉の質問を見てみましょう。

第9の扉

Ninth Door

あなたは流行に敏感？

「流行についていけない」「やっぱり伝統的なものは、すばらしい」、こういう考えはいけないとは思いません。私もどちらかというと、そう思うタイプかもしれません。

たとえば、ファッションについては、今年はミニスカートが流行るからミニスカートを買おうとは思いません。水玉模様が流行しているからといって、水玉のTシャツを着て外出することもありません。数年先まで着てもおかしくない無難な服や靴を買うタイプです。

学生時代は、ジャズダンスが流行る数年前から習い、ブームがさってもやめずに続けていたほどで、流行を気にしない性格のようです。結局、好きなものは流行に関係なく、好きなのです。そんな私も株に関してだけは、流行に敏感です。今は、どの職種の銘柄が流行か、常にアンテナを張り巡らせています。

もし、扉の答えがノーだったあなたは、株に対してだけは、流行に敏感になってください。株で成功する一つの要因として、いち早く流行をキャッチし、それに乗るということがあります。うまく乗れたら、大成功。時には、一つの銘柄で、何十万、何百万という大当たりに巡り合えるかもしれません。

図18 第9の扉

NINTH DOOR
あなたは、
流行に敏感?
Yes
なら次の扉へ

答えがNoでも株に関することだけは流行に敏感になりましょう。
そして、次の扉に進んでください。

第10の扉

Tenth Door

あなたは、第六感が働くほうか？

株の情報を集めていると、企業の良いニュース、悪いニュースを見ることになるでしょう。良いニュースであれば、「この銘柄を買ってみようかな」という気持ちになるのも当然です。また、経常利益が前年度より下がっている、などの悪いニュースであれば、「この銘柄はやめておこう」ということになります。

ニュースの良し悪しで、株取引を行うことは間違いではありません。むしろニュースを一つの参考にしている人は多いでしょう。でもそれなら、良いニュースに関する銘柄を買えば、誰でも儲かってしまいます。株というものは、そうは単純ではないのです。「株は生き物」。理屈通りにいくものではなく、また計算で答えが出るものでもありません。これはヒト（人間）と共通するものがあります。成績は優秀、日頃の言動も文句なし、健康についても良好というヒトがすべて事業を成功させるでしょうか。株についても同様です。悪いニュースなし、株価チャートも上出来、それでも自分自身で何か引っかかる、不安に感じたらその株に手を出すのをやめておきましょう。株だけではありませんが、大成功を収めたヒトには、何か第六感が働くようです。あなたの第六感は、どうでしょうか。

図19　第10の扉

TENTH DOOR
あなたは、
第六感が働くほうか？
Yes
なら次の扉へ

これが最後の扉です。すべての扉に書かれた質問に対して
YESだったあなたは、近い将来、
株で成功する素質を十分に兼ね備えた人でしょう。

図20　誰もが株取引で成功する可能性はある

自分の性格や性質をよく理解し、長所を活かして、欠点を補うようにすれば、株で成功する可能性はあります

誰もが株で成功する可能性はある

この章の十の質問で、あなた自身、自分の気づかなかった部分を知ることができたことでしょう。

次ページから、各扉の質問に関する説明を述べていきます。

たとえ、質問の答えがどのような結果であっても、自分の性格や性質をよく理解し、長所を生かし、欠点を補って株取引を行うようにしましょう。

誰もが株で成功する可能性が、きっとあるはずですから。

株で儲けたいのなら、少額でも確実に利益を確保しよう

以前、私は、神奈川県の第三セクターで設立された研究所に勤務していました。細胞工学が専門で、未知の機能が数百、数千種と推定される肝臓の細胞を使って人工肝臓の開発・研究をしていました。

未知のものを発見、証明していくには、「仮定、想定」→「実験」→「結果」→「考察」というプロセスをたどります。

自分の仮定、想定したことが実験結果によって正しいとわかったり、まったく正反対となったりすることで、なぜ、結果がそうなったのかを分析し考察するのです。この方法は、他の分野で研究している人達も同様かと思いますが、ただ一つ違うことは、私が扱っていたものは、細胞という「生き物」だったということです。ヒト（人間）と同様に、細胞も個体差（個人差）があります。1＋1が2とならないのが、細胞であり生き物の特徴なのです。したがって、結果も一通りでなく、もちろん考察も幾通りもあります。

前にも少し述べましたが、株も「生き物」と同様で、個体差もあれば、その時の環境によっても動きは変わってきます。さらに、個人差があり、一癖も二癖もある人間が、「生き物」の株を扱うのですから、まっとうな理論など通じるはずがありません。

これまで、様々な株関連の本で、「儲かる」方法や理論が書かれてきたと思います。それは、あくまでも株取引のノウハウであり、そこに書かれた方法によって確かに儲かったという人もなかにはいるでしょう。しかし、半数以上の人は、思うようにいかなかったのではないでしょうか。

私がある程度、株で成功しているのは、研究員時代に養われた分析力と研究好きが一因しているかもしれません。ですが、株価のチャートを分析すれば儲かるのか、といえばそうではなかったように思います。私の場合、性格的に株取引に向いていたような気がするのです。

株は、**「どの銘柄を」「いつ、いくらで買って」「いつ、いくらで売るか」その三工程の単純な繰り返し**です。

「どの銘柄を」までは、分析力や研究好きが良い銘柄を選ぶ結果となったかもしれません。それでは、「いつ、いくらで買って、売るか」についても同様かといわれると、必ずしもそれだけではないのです。性格、性質も重要だと考えています。

株取引を行う人の性格、性質について、私なりに分析、考察した結果、いくつかの質問が生まれました。

この分析、考察は、専門学校で十八歳から五十五歳までの学生を見てきたことで、様々な性格の人間に会ったこと、また同時期に、心理カウンセラー養成校で応用心理学を学び、人間の精神面を研究したことで、身についたものと思っています。

そして、株取引の実体験を加えて、「株の成功法則」の一つとして、扉に書かれた質問の十項目にまとめてみました。

第一、第二の扉に関してだけは、性格、性質に関する質問ではありません。

第一の扉は、「資金の扉」です。株をするなら、まずは元手になるお金がなければ始まらない、という意味で質問しました。株に投資するお金というのは、生活費をきりつめて出たものや借金をしたものは、ぜったいに使わないでほしいのです。

投資は、お金を増やすことを目的としていますが、リスクも隣り合わせだということを忘れないでください。極端な話、元手がゼロになっても日常生活に影響のないお金を使うことです。余裕のあるお金を使うことで、気持ち的にも余裕を持って株取引ができます。何事も余裕を持って行うことが成功への必須条件ではないでしょうか。

第二の扉は、「株取引の経験の扉」です。

経験を積むことで、儲けも増えていくことでしょうし、信用取引に関しては、自分の投資額の三倍を取引に使うことができるので、大きなお金を動かします。大きなお金は、大きな利益を生む可能性がありますが、リスクもその分大きいと思っていたほうがよいでしょう。リスクを減らし、なるべくリスクはゼロになるようにするためにも、ある程度の株取引の経験を積むことをおすすめします。

第三の扉は、「目的意識の扉」です。

ゴールの見える目的を持つことで、やる気にもなりますし、目標達成もできます。ただ漠然と株取引をするのではなく、株でいくら儲けたいのか、そのお金は何に使いたいかなど、目的を持つと、張り合いもでます。その張り合いが、ひいては生きる喜び（ちょっと大げさかな）にもつながるでしょう。

第四の扉は、「俊敏さの扉」です。

私の場合は、気が短いにもかかわらず、以前は、「買った株が、いずれ上がったら売ろう」としか、考えていなかったのです。今では、考えられませんが、一カ月近くも持っていた株を売って、３万円儲けたと喜んでいたほどです。

現在は、気の短さが生かされて、１日でその何倍も儲けることがあります。

株でたくさん儲けたいのなら、たくさんの取引を繰り返し、少額でも確実に利益を確保していくのがベターでしょう。

デイトレーダーといって、一日で何度も取引を繰り返して利益を得ている人達がいます。私も**気持ち的にはデイトレーダーですが、通常、3日間、長くても一週間程度で、売買が終了するようにしたことが成功のもととなっています。**

第五、第六、第七の扉は、「ポジティブシンキングの扉」「適応性・順応性の扉」「自信と勇気の扉」です。

選択という場面は、株取引につきものです。常に選択の繰り返しといっても過言ではありません。選択した結果について、常に一喜一憂していたら身が持ちません。私のように、一日、いくつもの銘柄を取引しながら、その度に頭をかかえて悩み込んでしまったら、病気になってしまうでしょう。自分に自信を持ってください。良い結果となったら、大喜びし、**あまり良い結果でなかった時は、「いい勉強になった」「次は大丈夫」と常にポジティブシンキングで笑っていましょう。**「笑う門には福来る」です。

それから適応性、順応性について説明しましょう。これから信用取引でお金を増やしていくと、自分が多額な取引をしていることに驚くことになるでしょう。私も株を始めた頃は、数十万円で、株を買うということに、ドキドキしたものです。

株を買い物と考えると、通信販売で一度に何十万円も買ってしまうのと同じなのですから。信用取引を行っている現在は、一日で何百万、何千万円ものお金を動かしています。さすがに、1000万円を超すと一瞬躊躇することもありますが、この額に慣れることも株の成功者として必須条件なのです。怖がらずに、自信を持ってチャレンジしてみましょう。


第八の扉は、「達成感の扉」です。

満足感、達成感は、ポジティブシンキングにつながります。満足感に気づかず、絶望感ばかりを感じる人は、何事にもネガティブになりがちです。心理学的には、負の連鎖というのですが、何でも悪いことばかり考える人は、その悪いことが次の悪い考えを呼び、さらに悪い考えを引き起こす。結果として、最悪なことが現実となるのです。


第九の扉は、「敏感さの扉」です。

株をするなら、常にアンテナを張っていたほうがベストです。ファッションの流行、どんな車が売れているのか、行列ができるお店など、敏感に感じ取ってください。きっとあなたの銘柄選びに役立つことでしょう。

最後の扉は、「第六感の扉」です。第六感やインスピレーションは、訓練してよくなるものではないかもしれません。しかし、大成功を収めた人は、第六感とインスピレーションが作用しているように思います。もし、あなたにこの二つが備わっていたら、私はもう何もアドバイスする必要がないかもしれません。

第十の扉だけは、どうしてもイエスにはならない、と落胆しないでください。私自身、第六感らしきものは、本当にたまにしかはたらいていないようです。それでもある程度は、成功して、自分自信、満足しています。大成功とまではいかなくても成功ぐらいでいいじゃないですか。

さあ、この章を読んで、理解していただけたら、あとは、株の知識を学んで行動に移すだけです。

第2章、第3章では、株の基礎的知識と信用取引の方法について述べています。さっそく、株の成功者へのワンステップ目を上ってみることにいたしましょう。

第 2 章

これだけ知っていれば安心！
株の知識10

1 株ってなあに？

この章では、これから株取引を始められる方に、これだけは知っておいてほしいという10項目を説明していきます。あとは、株は、『習うより慣れろ』。実地にともなって、必要と思われる知識を増やしていくとよいでしょう。

まず、一つ目は、『株』とは何かについて説明していきます。

みなさんが知っている『株』とは、正確にいうと『株式』のことです。この株式を発行しているのが、株式会社です。

会社は、株式を発行することで、会社運営に必要な資金を調達するのです。ですから、出資者に会社の事業内容を見てもらい、将来性がある会社だとアピールすることが必要なのです。「この会社は良さそうだ」と判断すれば、出資者は、株式を買うことになります。

株式を買うと、その証明として『株券（かぶけん）』を受け取ります。

証券会社で株を購入すれば、紙ペラのような株券が発行されますが、インターネットで取引する場合は、一カ月分の明細書だけで、会社ごとの株券はありません。ただし、証券会社に発行を希望すれば、もらうことはできます。

図21　株ってなあに？

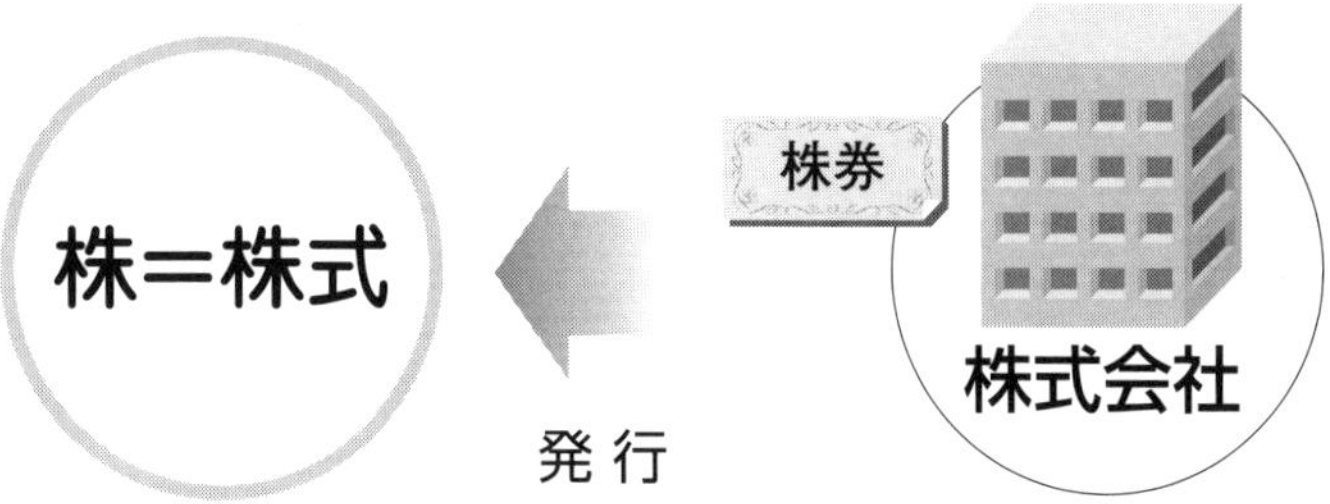
株＝株式
発行
株券
株式会社

君の会社、調子
良さそうだね
株を買うよ
ありがとう
じゃあ
株券渡すね
売買成立！　カンパーイ

2

株価ってなあに?

株を買った人は、『株主』と呼ばれます。株式を買った会社に利益が出ると、『配当金』という形で、株主に利益が還元されます。また、安い値段で株式を買って、高い値段で売れば、その差額が利益になります。この利益を『キャピタルゲイン』と呼んでいます。株の値段のことを、『株価』といいます。

会社の社長が、「よおし、1万円でどうだ！」などと決めているのではなく、会社の業績や資産内容などの客観的評価が株価を決める要素となります。

でも、本当は、みなさんが、決めているといってもいいのかもしれませんよ。たとえば、大人気の会社は、買いたい人が続出で、みんな手放したくないですよね。

「そんな良い会社ならもっと高くても買うわ」

といった具合です。すると、株価は上昇。逆に、人気のない会社は、売りたい人ばかり。安い値段でなければ、誰も買ってくれませんから、株価は下がる一方です。このように、株価は、買いたい人と売りたい人のバランスで成り立っているのです。つまり、株取引をするみなさんが、株価を動かしているのです。

図22 株価ってなあに？

私 株を買いました 株主で〜す

株式投資の利益とは…

❶ インカムゲイン（配当金）	買った会社に利益がでるともらえるお金
❷ キャピタルゲイン	安い株価で買って、高い株価で売った時の差額で生じた利益

株価はどのように決まるのか…

会社の業績や資産内容などの客観的評価が決める要素となっている

え〜
わたしだけ？

買う人がいっぱいだと

株価は上がる

人気がない株は

株価は下がる

3 証券取引所ってなあに？

株取引は、『証券取引所』で行われます。株の売買は、『証券会社』が仲介するので、私達は、直接、証券取引所に行くことはありません。インターネットを利用するなら、家のパソコンでできますから、証券会社にも行かなくてすみます。

株の売買が行われている市場（マーケット）全体を『株式市場』といっていて、株の売買をする時は、自分の買いたい（または売りたい）会社の株価だけを参考にするのではなく、市場全体を見ることも重要です。市場では、株を発行している会社は、『銘柄』と呼んでいます。

「さて、どの銘柄を買おうかな……」

なんて、考えていました？　あら、ステキ。これであなたもトレーダーの仲間入りです。

銘柄には、4桁の番号があって、『銘柄コード』や『取引コード』、あるいは、『証券コード番号』などといろいろ呼び名があります。インターネットで、各銘柄の情報を調べたい時など、銘柄名よりコードで入力すれば、速く検索できて便利です。

図23 証券取引所ってなあに？

インターネットなら
証券会社に行かな
くてもOK

株を発行している会社のことは
銘柄（めいがら）と呼びます

銘柄コードの見方

2503 キリン　　4507 塩野義薬

7203 トヨタ自　　9205 JAL

銘柄コードは4ケタの数字で表記されます。

4 口座を開設しよう！

株を始めるには、証券会社に口座を設けなくてはなりません。これは、銀行や郵便局に口座を作る感覚でできます。

どこの証券会社に口座を開設するかは、好きなところで、としかいいようがありません。証券会社に出向いて、直接注文をする人は、家や職場から近い場所にある証券会社がいいでしょう。インターネットで取引する場合は、場所は関係ありませんから、時間があったらインターネットで検索して、いろいろな証券会社のホームページを見るといいですね。毎日のように見る画面ですから、見やすいホームページであることや、情報がわかりやすく、売買している株を管理しやすいなどのサービスの良さも選ぶ要素となります。

私の場合は、取引回数が多いので、**取引に伴う手数料が安いことを重視**しています。

口座の開設は、証券会社のホームページにある資料請求または、申し込みのボタンをクリックするだけです。あとは、各証券会社の口座開設の案内に従って、氏名、住所、アドレスなどを入力すると、資料や申込用紙が送られてきます。必要書類を完成させて、返送すれば、ＯＫ。１～２週間程度で口座開設のお知らせが届くことでしょう。あとは、取引のためのお金を口座に入れておけば、準備完了です。

図24 口座を開設しよう

証券会社に口座を開くために必要なもの

① **申込書**

② **身分を証明するもの**
免許証や保険証のコピー、印鑑証明など

③ **名義書換申込書**
買った株を自分の名義に証券会社が代わって変更するための書類

④ **その他**
証券会社に応じて必要な書類は違う

必要書類を完成させて送ればOK!

口座開設だけで安心しないでね。投資資金を口座に振り込むのを忘れずに

5 単位株ってなあに？

口座開設の手続きをしたら、実際の株の売買までは秒読み段階というところでしょうか。どの銘柄を買おうか、胸をワクワクときめかせていることでしょう。

ですが、ちょっと待ってください。すべての銘柄を自分のものにできるわけではありません。あなたの投資資金によって、買うことのできる銘柄とそうでない銘柄があるのです。

株には、単位株といって、銘柄ごとに、最低売買単位が決められています。東急ストアというスーパーは、おそらくご存じでしょう。この株価は、この一年あまり、３００円くらいから６００円くらいの間を上下していて、最低でも千株でないと買うことができません。つまりミカンでいえば、一盛りでないと売らないということです。

もし、この株を買いたいみなさんが、投資資金に50万円用意していたとします。５００円未満であれば、東急ストアの株を買うことができますが、５００円以上の株価では、資金不足となります。「スーパーなんだから、百株ずつで売ってよ」は、通じないわけです。

しかし、『ミニ株』、正式には、『株式ミニ投資』『株式ミニ単位』であれば、その十分の一で買うことも可能です。ただ、ミニ株でなくても、銘柄によって単位株が、百株であったり、十株、一株もありますので、資金に合わせた銘柄選びができます。

図25 単位株ってなあに?

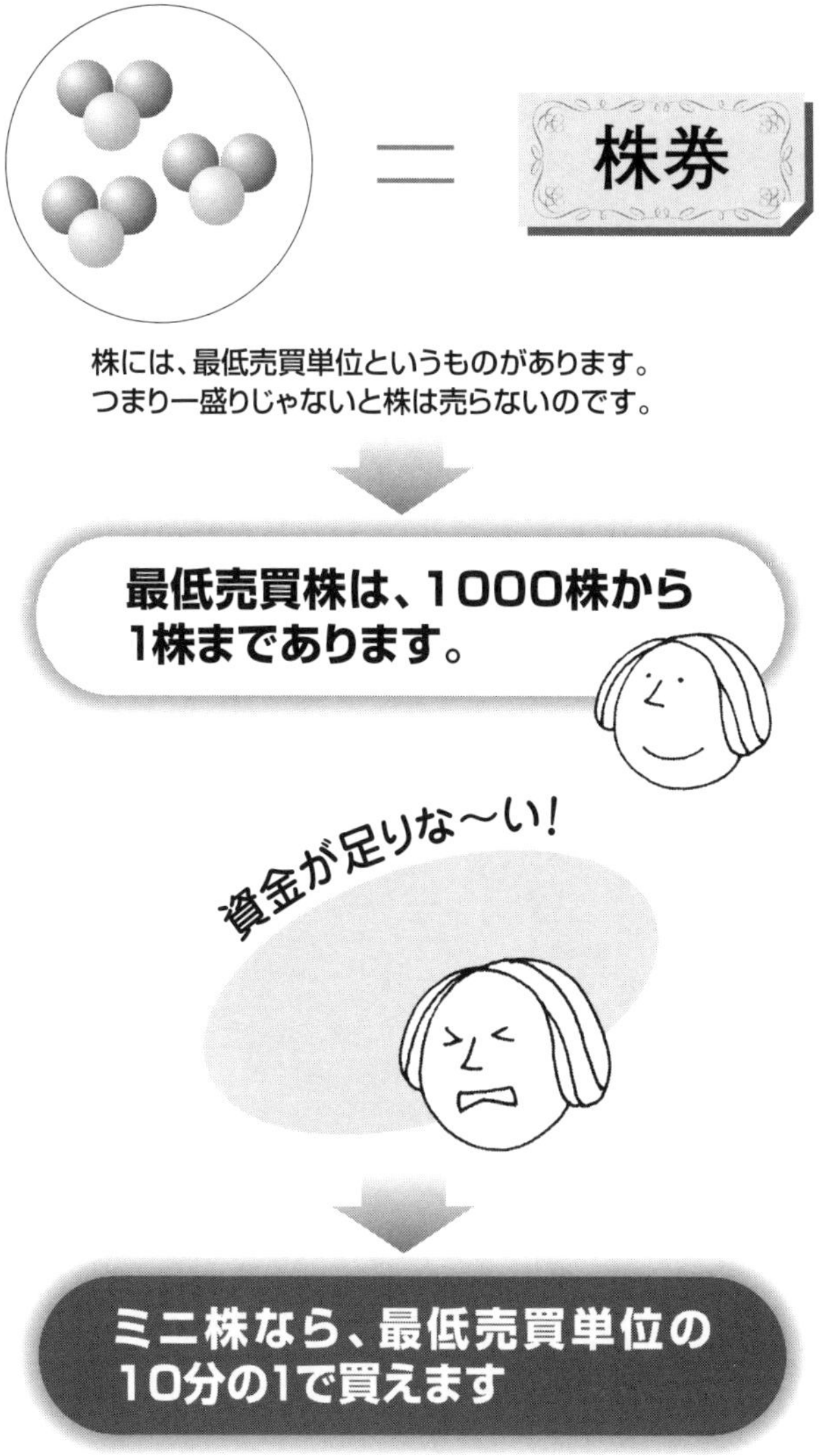
株券
株には、最低売買単位というものがあります。
つまり一盛りじゃないと株は売らないのです。
最低売買株は、1000株から
1株まであります。
資金が足りな〜い!
ミニ株なら、最低売買単位の
10分の1で買えます

6 株の売買方法は？

インターネットを使った株の売買方法では、パスワードを入力し、取引画面にログインすることから始まります。取引画面で、『買い付け』または『買い注文』等と表示してあるところをチェックします。次に銘柄名を入力しますが、証券会社によっては、銘柄コードで入力することが多いので、あらかじめ調べておく必要があります。

売買の取引時間は、午前は9時から11時まで、午後は、12時半から3時までで、午前中の取引を『前場(ぜんば)』、午後を『後場(ごば)』と呼んでいます。インターネットで売買を行う場合は、取引時間以外でも注文することができます。注文だけなら24時間ＯＫという証券会社もあります。

売買には、『成り行き注文』と『指し値注文』の2通りの方法があります。成り行き注文は、「いくらでもいいから、とにかく買いたい」という場合に行います。希望価格を設定せずに注文するので、売買が成立した後に、初めて買った価格がわかります。その反対に、希望価格を設定して注文するのが、指し値注文です。

指し値と成り行きでは、成り行き注文が優先されますから、成り行き注文は、ほとんど売買が成立します。しかし、資金が少ない人や初心者は、資金の面で計画が立てやすい、**指し値注文をすることをおすすめします。**

図26　株の売買方法は？

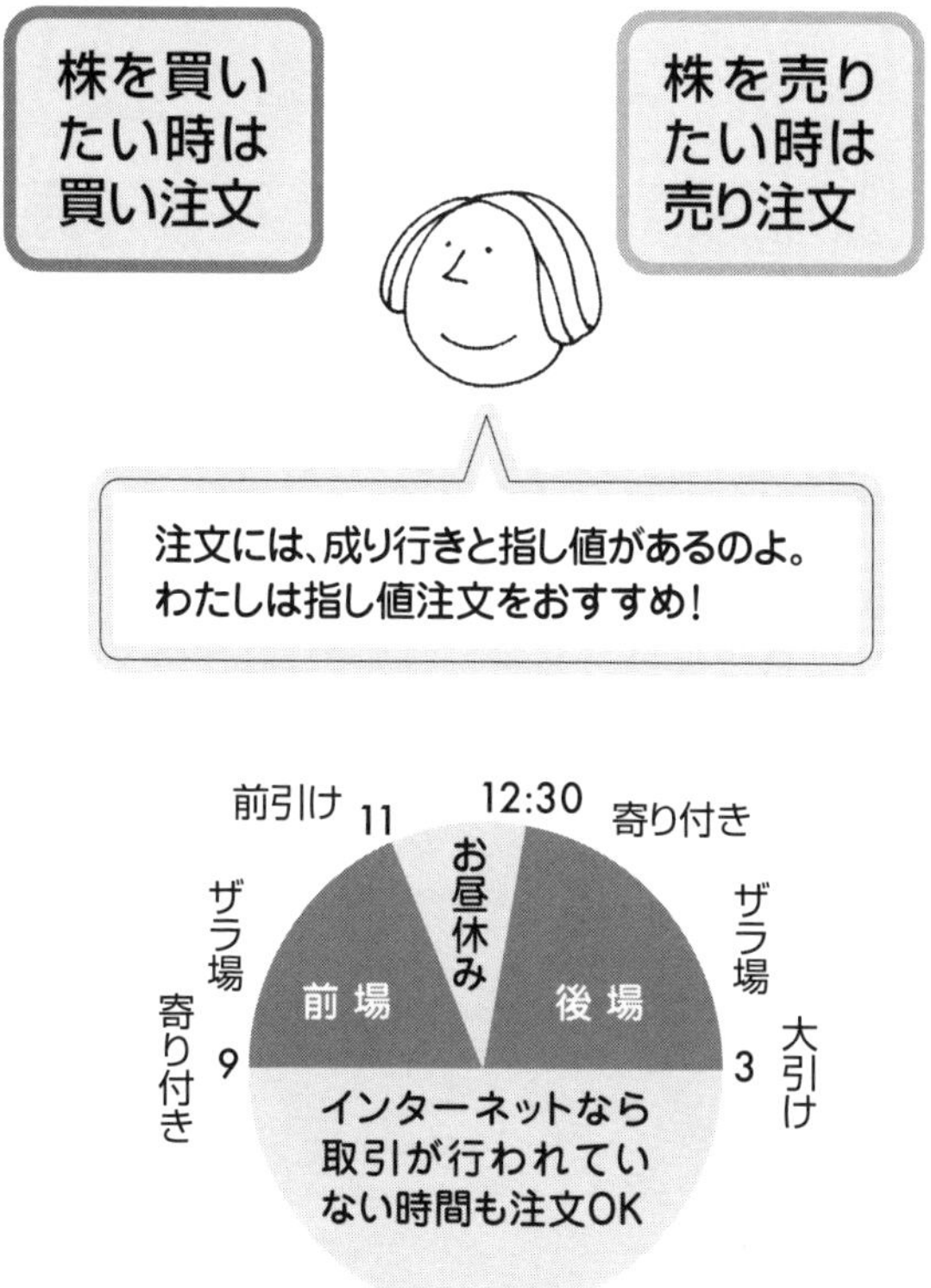
株を買いたい時は買い注文
株を売りたい時は売り注文
注文には、成り行きと指し値があるのよ。
わたしは指し値注文をおすすめ！
前引け
11
12:30
寄り付き
お昼休み
ザラ場
前場
後場
ザラ場
寄り付き
9
3
大引け
インターネットなら取引が行われていない時間も注文OK

寄り付き	午前と午後の最初に行われる取引
前引け	午前の最後の取引
大引け	午後の最後の取引
ザラ場	寄り付きと引けの間に行われる取引

7 売買に必要なお金はいくらあればいいの？

売買には、必ず『手数料』がかかります。これは、株の売買を証券会社にお願いしているために発生する株式委託手数料です。さらに、この株式委託手数料には、『消費税』がかかります。また、証券会社によっては、『口座管理料』をとるところもあります。

手数料は、成り行き注文と指し値注文で異なることも多く、指し値のほうが高い設定になっています。手数料は、一回の売買（買いまたは売りのどちらか）で、数百円ぐらいから数千円まであり、なかには、ワンウェイといって買いと売りのセットで、3000円均一というようなものもあります。私のように**短期間に多くの銘柄を売買する場合は、やはり手数料はなるべく安いほうがいい**でしょう。

税金については、消費税のほかに、『配当課税』と『キャピタルゲイン課税』があります。それぞれ、配当金がもらえた場合にかかる税金と株を売った時の利益にかかる税金のそれぞれ10％です（2008年4月まで）。以前は、2通りの課税に分かれていて、自分自身で課税方法を選択できたのですが、現在（2004年現在）は、源泉分離課税に統一されていて、すべて証券会社が計算して、儲けから差し引いています。明細書が届いて、

図27 売買に必要なお金はいくらあればいいの?

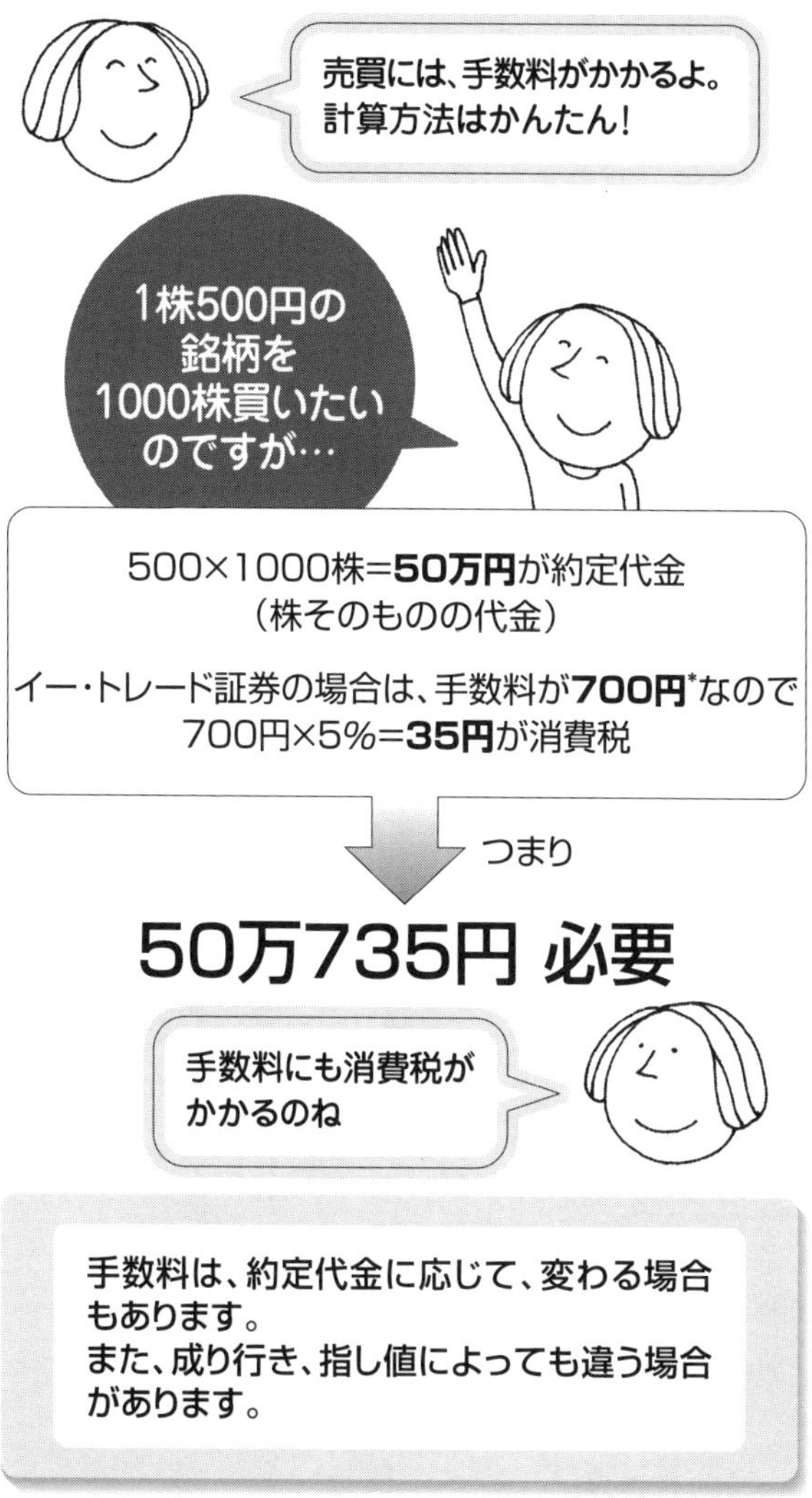
売買には、手数料がかかるよ。計算方法はかんたん!
1株500円の銘柄を1000株買いたいのですが…
500×1000株=50万円が約定代金
(株そのものの代金)
イー・トレード証券の場合は、手数料が700円*なので
700円×5%=35円が消費税
つまり
50万735円 必要
手数料にも消費税がかかるのね
手数料は、約定代金に応じて、変わる場合もあります。
また、成り行き、指し値によっても違う場合があります。

*約定代金50万円までの場合

「あっ、こんなに税金がとられていたんだ」とわかるわけです。ただし、**儲かっている時にしか、税金はとられません**から、安心してください。

8

チャートの見方――その1　ローソク足

株で儲けるための大きな要因は、**半分は銘柄選び、あと半分は、売買価格**です。その売買価格を設定する時に、最も重要なことは、株価チャートから株価を予測することです。ですから、他のどんな情報よりも、いえいえ極端な話、情報ゼロでも**チャートだけは、必ず参考にしなければ、株で儲け続けることはできません。**したがって、**難しくても、面倒でも、このチャートの読み方だけは、ぜひマスターしていただきたい**のです。

株価を表すチャートは、『止め足』、『ローソク足』などがあります。

前場で初めに取引が行われた株価を『始値』と呼び、後場で、最終的に落ち着いた株価を『終値』と呼んでいます。この終値を毎日結んだグラフを『止め足』といっています。

一日のうちでも、株価は、上下します。最も高い株価を『高値』、最も低い株価を『安値』といいます。『高値』、『安値』と『始値』、『終値』の四つの値を表したグラフを『ローソク足』と呼んでいます。ローソク足は、一日の株の動きが一日瞭然の優れモノです。1日の動きは、『日足』、1週間の動きは、『週足』と呼ばれ、1カ月、一年は、それぞれ『月足』、『年足』です。

図28 チャートの見方 その1 ローソク足

図イ

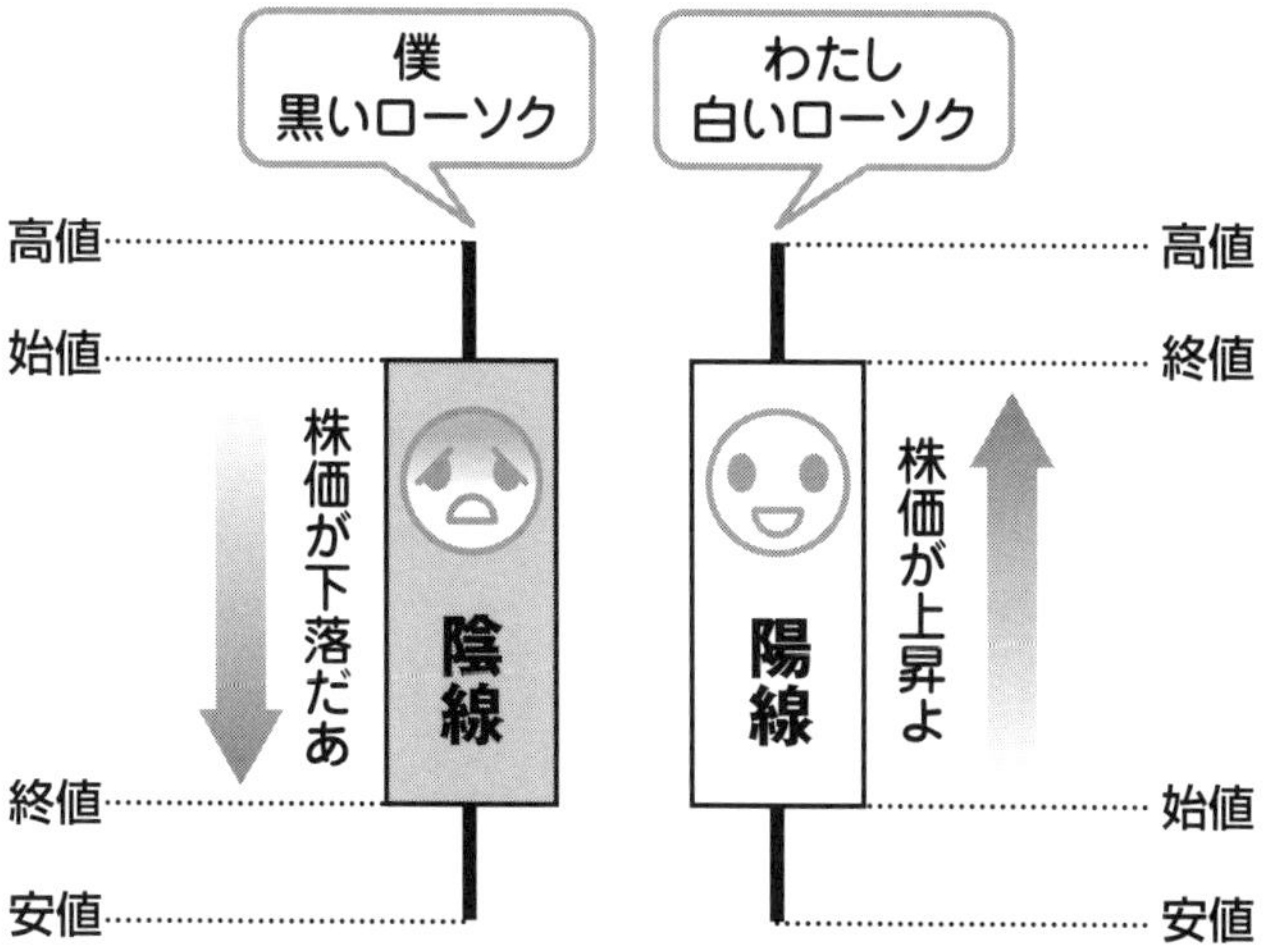
僕
黒いローソク
わたし
白いローソク
高値
始値
株価が下落だあ
陰線
終値
安値
高値
終値
陽線
株価が上昇よ
始値
安値

図ロ

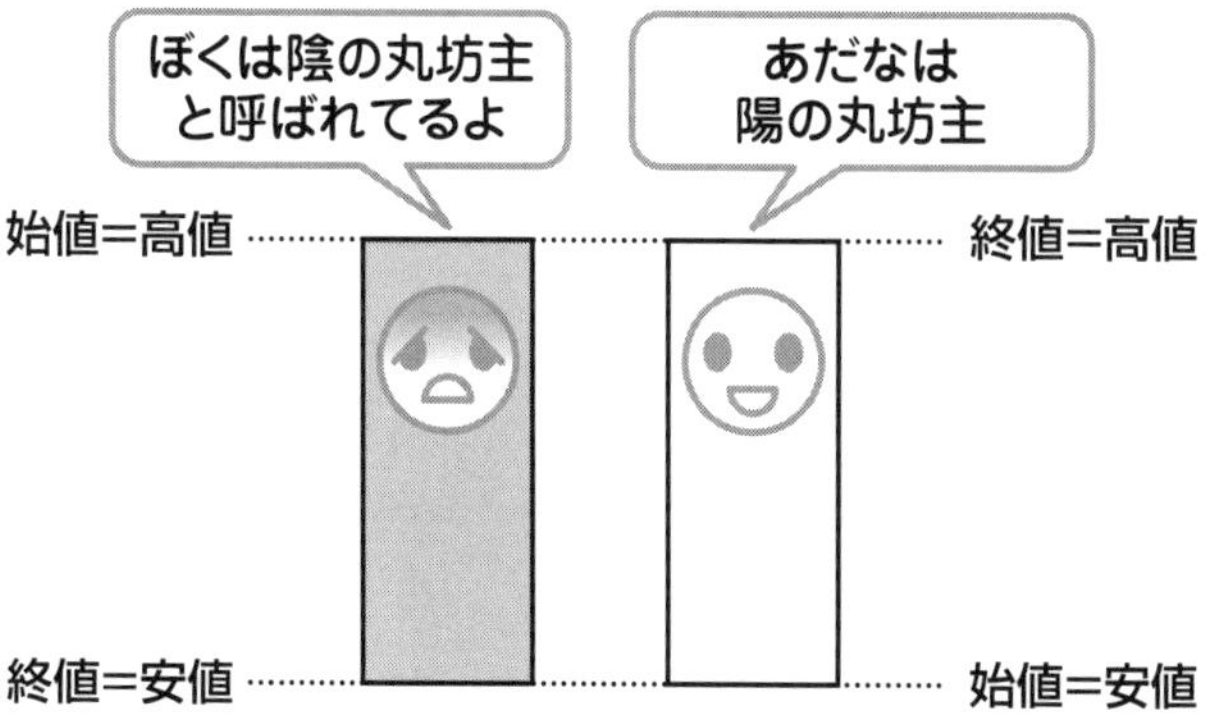
ぼくは陰の丸坊主
と呼ばれてるよ
あだなは
陽の丸坊主
始値=高値
終値=安値
終値=高値
始値=安値

『陽の丸坊主』は上昇する兆し

ローソク足は、お誕生日ケーキの上にあるロウソクに似ていることからつけられた名称で、白いローソクと黒いローソクがあります。白は『陽線（ようせん）』、黒は、『陰線（いんせん）』です。白は、始値より終値の株価が上昇するのを表し、その反対に黒は下降を表しています。この白と黒の色分けのおかげで、相場の上がり下がりが、一目でわかるのです。

ローソクには、ヒゲが生えていて、上に飛び出したヒゲは、『上ヒゲ』、下は、『下ヒゲ』です。上ヒゲは、一日で最も高かった株価である『高値』を示し、下ヒゲは、『安値』を表しています（**図28―イ**）。

図ロのようにヒゲのない白いローソクは、『始値』と『安値』、『終値』と『高値』が同じ株価だったことを表します。ヒゲのない黒いローソクは、その逆で、『始値』と『高値』、『終値』と『安値』がいっしょということになります。

ローソク足には、ヒゲが上にあるものや下にあるものがあります。それぞれ、呼び名というか、あだ名みたいなものがついています。たとえば、ヒゲのない白ローソクは、『陽の丸坊主』（**図29**）と呼ばれています。取引が始まってから終わるまで株価が上がっているという意味です。何週間にもわたって、株価が下がっている時に、『陽の丸坊主』が出てきたら、上昇する兆しと推測できるのです。左図のように、ローソク足には、いろいろな種類があって、それぞれ株価を予測するのに欠かせない意味を持っています。

図29　チャートの見方　その1　ローソク足②

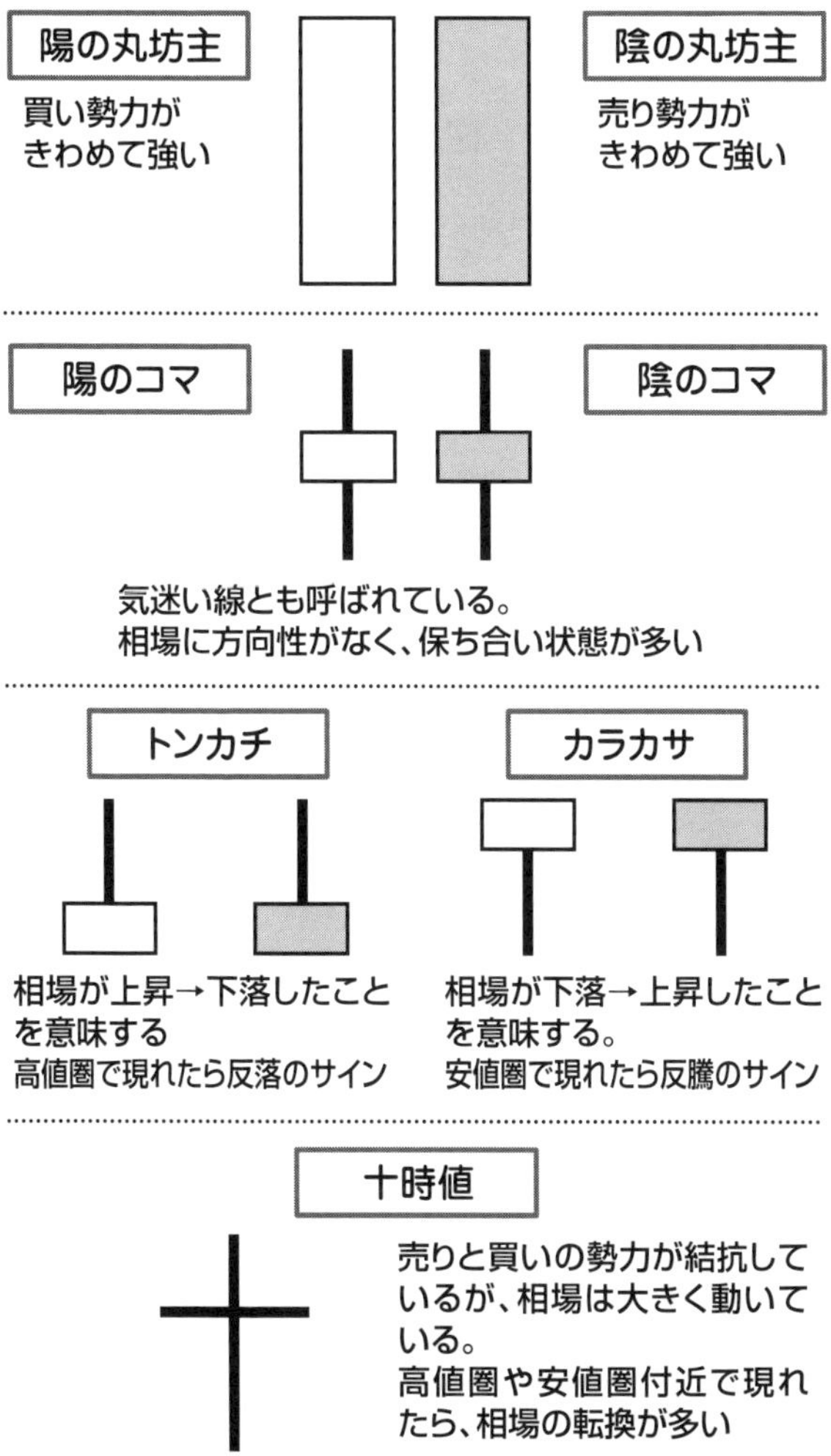
陽の丸坊主
買い勢力がきわめて強い
陰の丸坊主
売り勢力がきわめて強い
陽のコマ
陰のコマ
気迷い線とも呼ばれている。
相場に方向性がなく、保ち合い状態が多い
トンカチ
相場が上昇→下落したことを意味する
高値圏で現れたら反落のサイン
カラカサ
相場が下落→上昇したことを意味する。
安値圏で現れたら反騰のサイン
十時値
売りと買いの勢力が結抗しているが、相場は大きく動いている。
高値圏や安値圏付近で現れたら、相場の転換が多い

9

チャートの見方——その2　トレンドライン

『トレンドライン』が引ければ、あなたは、もうプロの仲間入り。といっても、とても簡単なことなのです。前ページで説明したローソク足を直線で結ぶだけなのですから。簡単で実用的な分析方法です。

トレンドラインの引き方は、高値同士と安値同士のそれぞれ二点を決めて一本の線を引きます。**図30—イ**は、グラフの最初に最も下がった株価（底値）と2回目の底値を直線で結びさらに直線を延長させたものです。底値同士を結んだものは、『下値支持線』といい、高値同士は、『上値抵抗線』といいます。

直線が右上がりであれば、『上昇トレンドライン』呼ばれ、株価が『下値支持線』の上に位置している時は、相場は上昇中ということを意味します（**図イ**）。

それとは反対に『下降トレンドライン』は、株価が常に『上値抵抗線』の下にある時は、相場は下降中ということになります（**図ロ**）。

平らな直線の場合もあり、これは『横ばいトレンドライン』と呼びます（**図ハ**）。

トレンドラインは、二点を結んだ線ですが、ある時期だけの二点をつなぐだけでなく、

図30 チャートの見方その2 トレンドライン

図イ 上昇トレンドライン

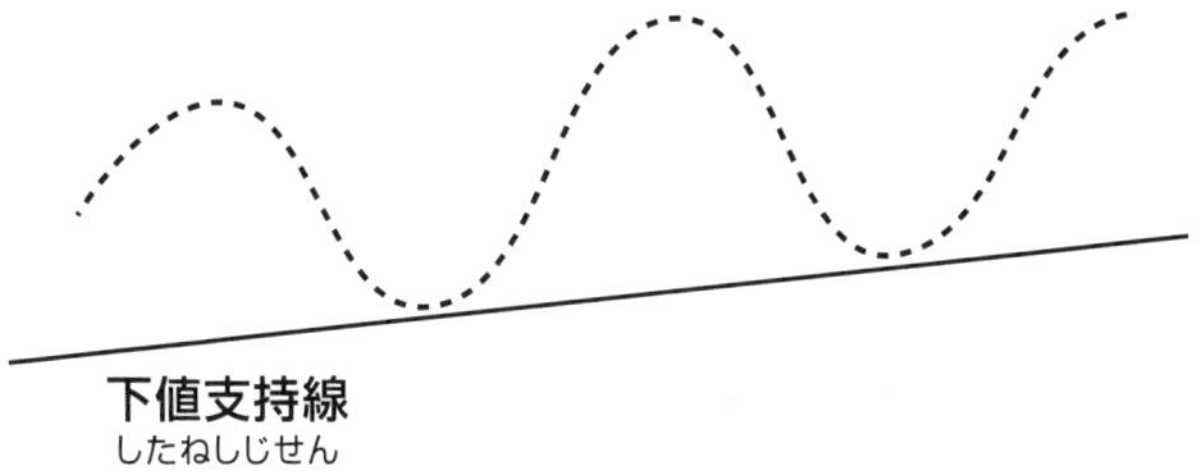
下値支持線
したねしじせん

図ロ 下降トレンドライン

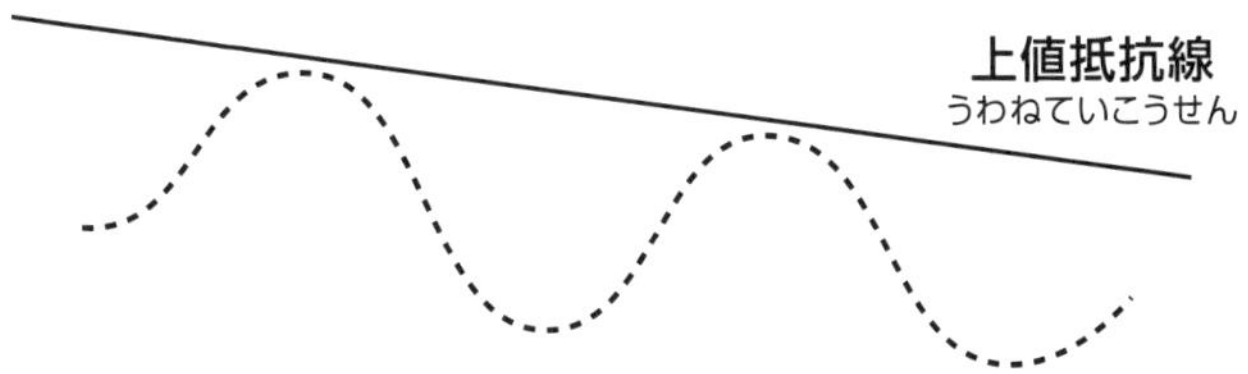
上値抵抗線
うわねていこうせん

図ハ 横ばいトレンドライン

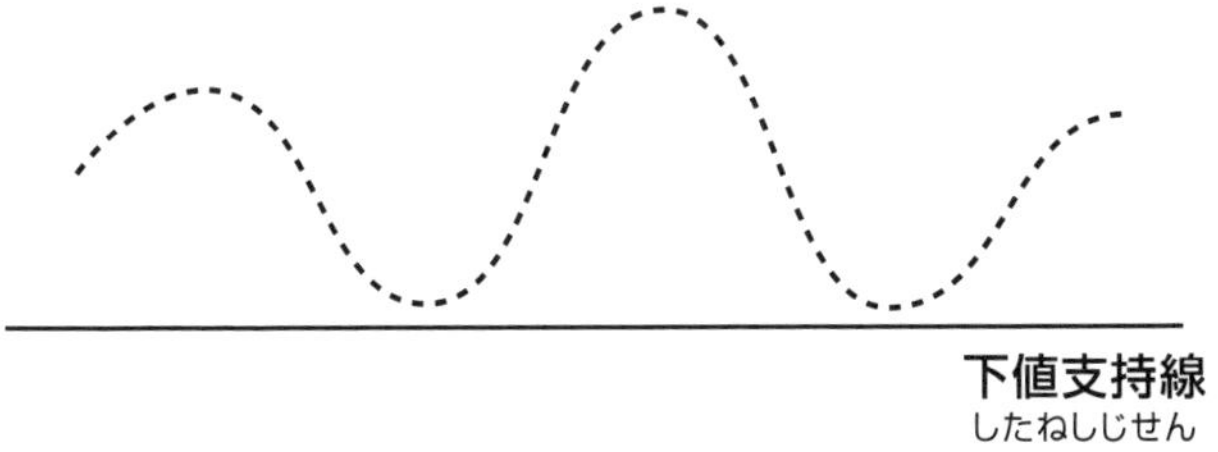
下値支持線
したねしじせん

時期を変えて引いてみると、角度の違うトレンドラインができるはずです（図31）。**株の動きを知るためには、複数のトレンドラインを引くことが大切**だと思います。

株価チャートが支持線と交差している場合は、相場の転換期、つまり株価が上昇していれば下降へと、下降中のものは、上昇へと転換すると予測できるのです。この予測は、いつ株を買うか、または売るかのおおよそを決める材料となります。

「別に、株価が下がったら買い、上がったら売ればいいじゃないか」と思われるかもしれません。確かに、その通りでしたら利益は得られます。しかし、売買を何度も行うことで、より多くの利益が得られるわけですから、買った株を上がるまでずっと持ち続けているのは、あまり賛成できません。なるべく計画的に、売買を行うためには、**いつ頃株価が上がり、下がるのかは予測しておいたほうがベスト**なのです。

上昇トレンドラインでも、1日のうちでも株価は上下しますし、短期間でも常に株価は動いています。その株価の動きの幅が、あまり変わらないチャートを見つけたら、およその高値と安値が予測できますから、1日から3日間程度の周期で同じ銘柄を何度も売買することも可能です。これは、下降トレンドラインでも同様なことがいえますが、気持ち的には、上昇トレンドラインのほうが売買していて安心感があります。**初心者の方には、下降トレンドラインでの複数回売買は、おすすめしていません。**

図31　起点を変えたトレンドラインの引き方

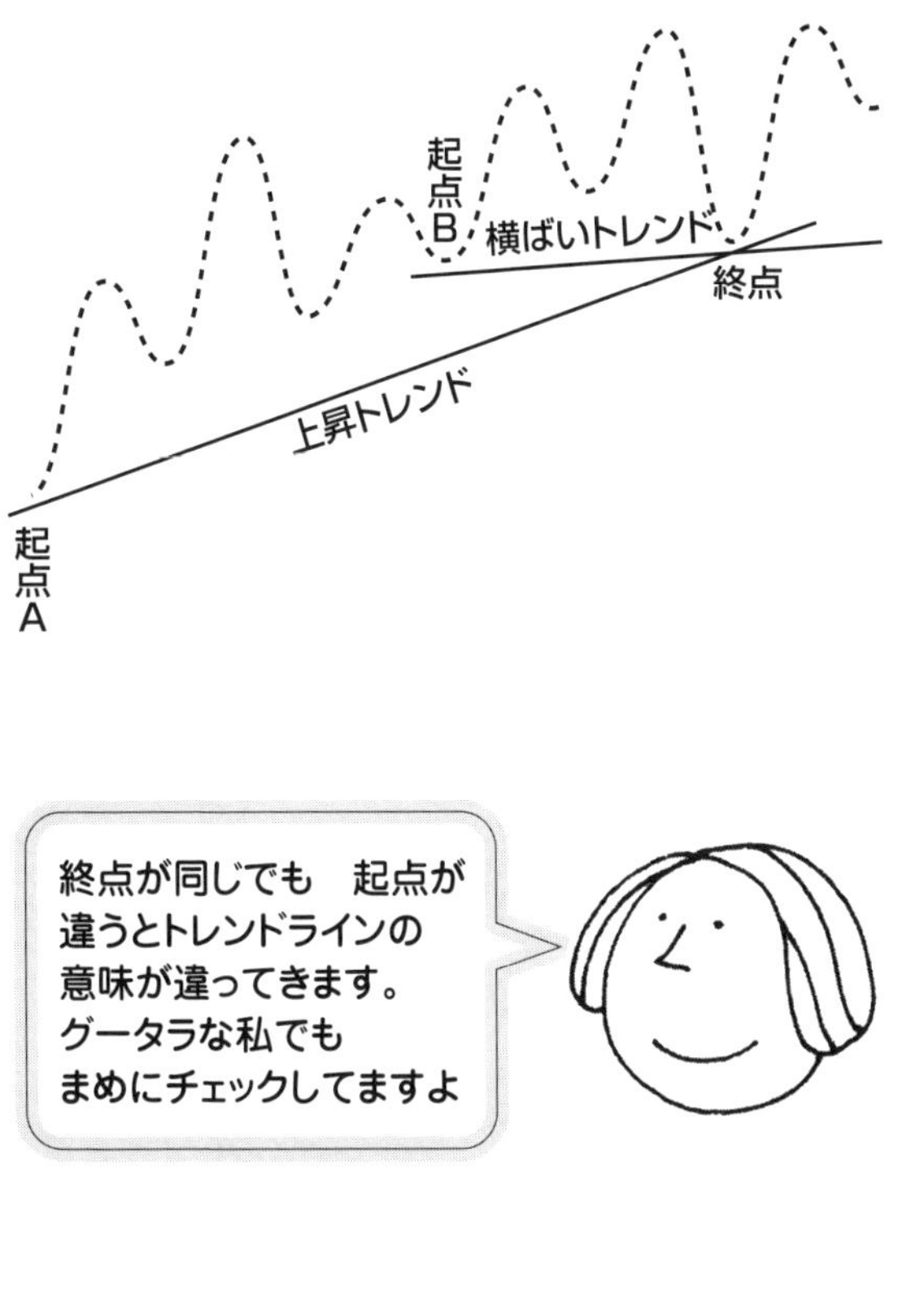
起点B
横ばいトレンド
終点
上昇トレンド
起点A
終点が同じでも　起点が
違うとトレンドラインの
意味が違ってきます。
グータラな私でも
まめにチェックしてますよ

複数回、売買するのはいいのですが、相場の転換期を読み間違えると危険ですので、トレンドラインはまめにチェックすることが大切です。

10

チャートの見方——その3
移動平均線

J・E・グランビルという賢い投資家が考案した法則に『グランビルの8法則』と呼ばれているものがあります。これは、一定期間内の株価平均値を折れ線グラフで表したものです。これは、『**移動平均線**』といって、

一定期間とは、5日間、13日、26日などがあり、5日間の期間の株価平均を表したものは、5日移動平均線といいます。ローソク足の株価チャートには、これらの移動平均線が色分けして、いっしょに表示されています。

ローソク足で説明したように、1日のうちで株価は、時に激しく上下しています。その上下する株価に私達は、惑わされてしまうこともしばしばですが、平均値をとることで、株価の一時的なブレに惑わされずにすみます。したがって、株価の傾向をより正確につかむことができるのです。

図32のように移動平均線よりも株価が上回っている場合は、『相場は上昇基調』と判断できるでしょう。**株価が下がり始めた時、いっしょに移動平均線も下がりだした場合は、相場の転換期**と考えられます。

図32 チャートの見方 その3 移動平均線

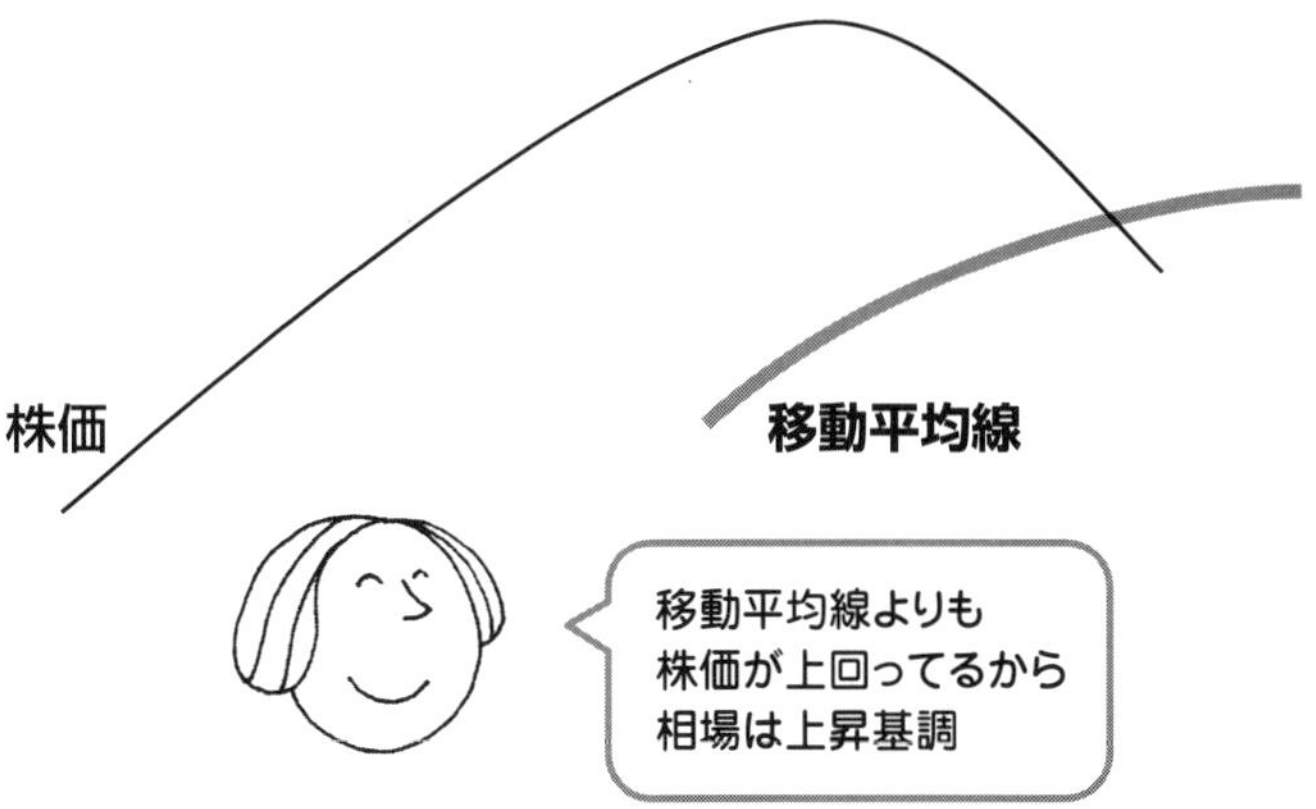
株価
移動平均線
移動平均線よりも
株価が上回ってるから
相場は上昇基調

図33 グランビルの移動平均線の法則で見る売買シグナル

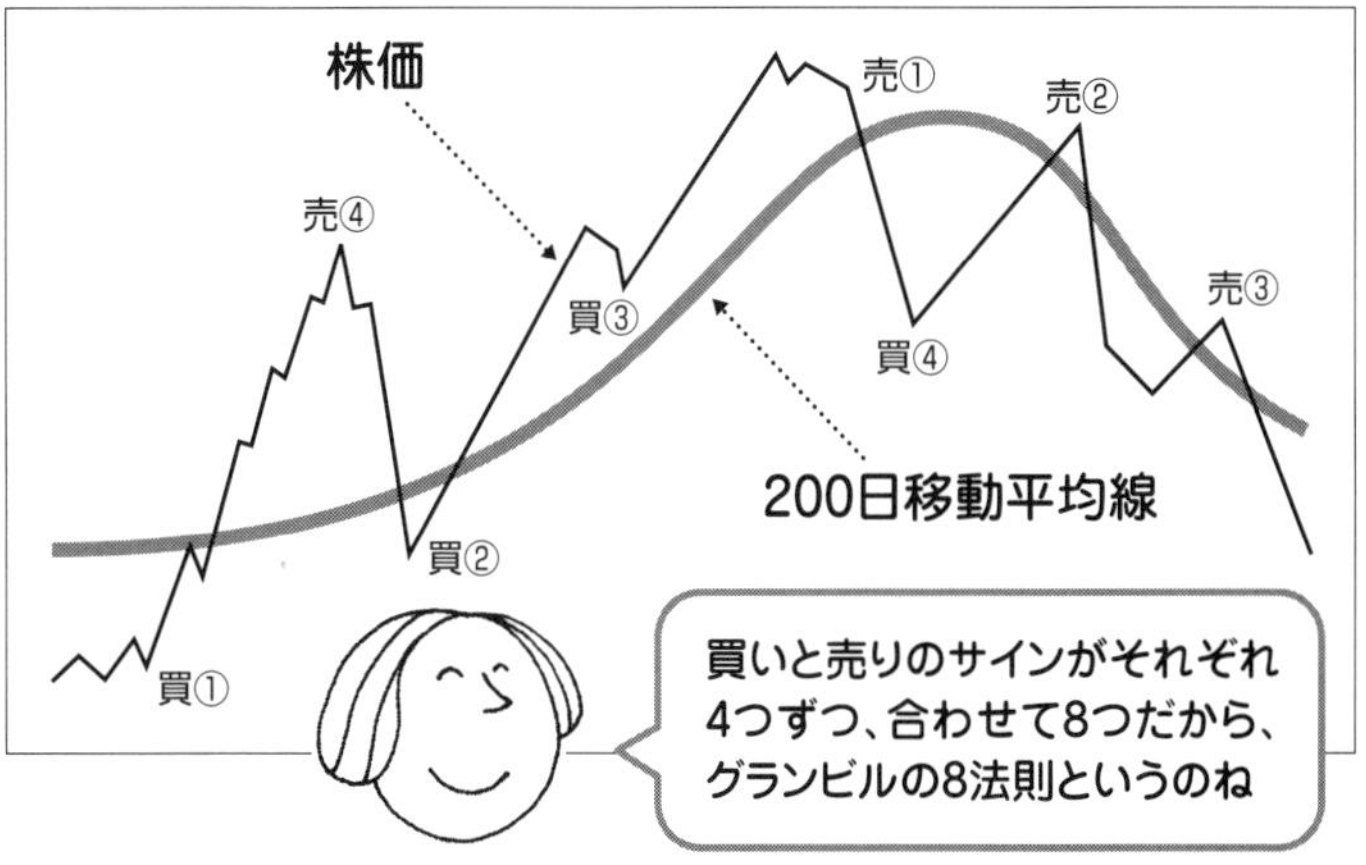
株価
売①
売②
売④
売③
買③
買④
200日移動平均線
買②
買①
買いと売りのサインがそれぞれ
4つずつ、合わせて8つだから、
グランビルの8法則というのね

『グランビルの8法則』の図33を見てもらうと理解しやすいのですが、株価と移動平均線を同時に見ることによって、買いの時期、売りの時期が判断できるようになっています。ただ、この法則は、買いか売りかを白黒つけた法則ですが、実際には、株は法則通りにはいかないものですから、あくまでも予測材料として参考にしてください。

グランビルの8法則の応用に『ゴールデンクロス』と『デッドクロス』と呼んでいるものがあります。私は、どちらかというと、グランビルの8法則より、この二つのクロスを参考にする場合が多いです。なぜかというと、とても簡単にわかるからです。

デッドクロスを示したら、買った時より下がる前に売ってしまう

図34の上のように短（または中）期移動平均線が長期移動平均線を下から上に突き抜けて交差（クロス）しているのを『ゴールデンクロス』と呼びます。また、短（または中）期移動平均線が、長期移動平均線を上から下へ抜けている時は、『デッドクロス』と呼ばれます。利用する短期と長期の移動平均線ですが、5日（5日間の平均）移動平均線と26週移動平均線を使ったり、人によっては、株価ラインと移動平均線を使うこともあります。呼び名で想像できたと思いますが、『ゴールデン』のほうは、株価上昇が予測でき、「買い」のチャンス。さらに最高値と思われる株価で「売り」にすれば、利益となるわけです。

逆に、『デッド』は、株価下降と予測できます。持っている株のチャートが、デッドクロスを示したら、買った時よりも下がる前に売ってしまったほうがいいでしょう。

図34　ゴールデンクロスとデッドクロス

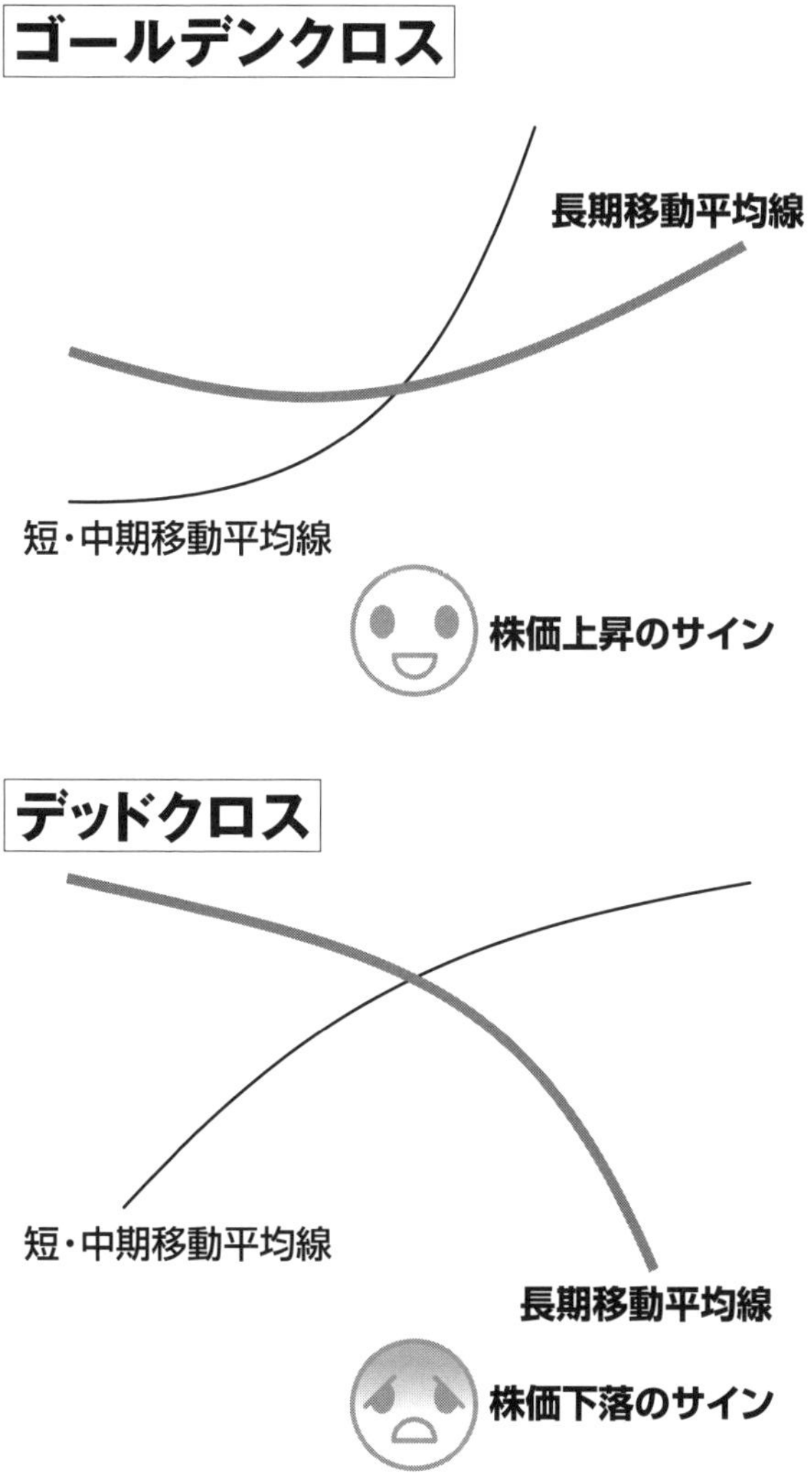

第 3 章

知って得する！
信用取引の基礎知識10

1 信用取引ってなあに？

第2章で、株の基礎知識を説明しました。文中に『株取引』と出てきたものに関しては、すべて『現物取引』といって、普通に、自分の口座に入っている現金で株を売買する取引のことです。これに対して、『信用取引』という取引方法があります。

『信用取引』は、株を買う現金が口座に入っていなくても、証券会社から資金を借りて売買を行うことができます。証券会社が、私達を信用して、資金を貸して行う取引なので、『信用取引』と呼ばれています。しかし、自己資金がまったくゼロというわけにはいきません。かならず、『担保』が必要になってきます。親にお小遣いが足りないから貸して、というわけにはいかず、一定期間内に返済もしなければいけませんし、借りている間は、無利子というわけにもいきません。

ただし、最近になって一定期間に返済しなくてもよい、無期限信用取引もできるようになりました。無期限とつくだけで、焦りはなくなりホッとしますが、期限付きの取引より、金利が高いのが特徴です。どちらにしろ、**信用取引で取引の幅を広げることによって、利益を増やしていくチャンスも広がる**ことでしょう。

図35 信用取引ってなあに

普通に株取引といってたのは、
現物取引のことだったのね
信用取引は、証券会社から
お金を借りて売買すること。
取引の幅が増えるから
利益を増やす大チャンス!
自己資金がゼロじゃ
貸してくれないのね〜

「現物取引」は、自分の口座に入っている現金の範囲で株を売買する取引。「信用取引」は、株を買う現金が株の代金分、口座に入っていなくても、証券会社から資金を借りて売買できる。

2

信用取引は誰でもできるの？

信用取引で取引の幅が広がることによって、株で儲かるチャンスも増えるらしいということが少しはわかってもらえたでしょうか。やはり、まだ不信感いっぱいですよね？

では、もう少し説明を加えましょう。あなたの自己資金が50万円だとします。１株あたり４００円の銘柄を１０００株購入すると約40万円ですね。数日後、４５０円に上がって売ったとすると、５万円の儲けです（手数料や税金については考慮していません）。

信用取引で同様のことをしてみましょう。信用取引では、自己資金の三倍の取引が行えます。40万円の銘柄を単純に三倍の３０００株を購入したとします。同様に、４５０円で売れば、15万円の儲けです。どうです？　すごーく儲かった気がしませんか。

このように、投資資金が多ければ儲かるチャンスも多くなることがおわかりでしょう。

私もやってみたい！　と思った人も多いはず。ですが、**誰もが信用取引ができるわけではありません**。証券会社によって、多少条件は異なりますが、投資経験が１年以上あることや、預かり資金（取引口座に入っている資金）が30万円以上などの条件を満たす必要があります。また、電話での口頭試問がある証券会社もあります。信用取引は、その仕組みを十分理解していること、ある程度の投資経験がある人が行える取引です。

図36　信用取引は誰でもできるの？

現物取引の場合
信用取引の場合
（自己資金の3倍の取引ができる）
自己資金
50万円
自己資金
自己資金
自己資金
50万円×3倍＝150万円
信用取引をする条件は、
証券会社によって、
違ってきます
初めて株をやってみたいのですが信用取引でお願いします
○△証券
ダメです。
投資経験が必要です

3 信用取引の口座はどうやって開設するの？

通常の取引で使っている口座があったとしても、**信用取引には、専用の口座が必要**です。前項で説明したように、信用取引の条件を満たしている人だけが開設できます。

まず、自分は信用取引の口座を作りたい証券会社の条件を満たしているのかどうかを確認するべきでしょう。もし、条件を満たしていたら、インターネットで申込書類を請求し、送られてきた書類に必要事項を記入して、返送するだけです。

私が利用しているイー・トレード証券は、書類提出だけでしたが、もう一つ利用しているカブ・ドットコム証券では、電話面接がありました。電話面接は、自宅や職場など電話がかかってくる場所も指定できますし、日程も自分の都合のよい日を選ぶことができます。

電話面接の当日は、大学入試のように、どきどきしながら受話器をとりました。でも、内容はいたって基本的なことばかり。「申し込み条件が満たされているかどうか」「約定とは何か」「建玉とは」「信用取引の仕組みやリスクについて」などの質問で、**スムーズにいけば5分程度で終わります**。電話面接に合格すると申込用紙が送られてきます。4000円の収入印紙を貼って、申込用紙を返送すると、約1週間後に信用取引口座開設です。あ

図37　信用取引口座の開設法はこうする

1
インターネット等で、信用取引ができる条件を自分が満たしているかを確認しましょう
OK！
2
インターネット等で、信用取引口座の書類を送ってもらう手続きをとりましょう
申し込み請求をクリック
3
送られてきた書類に必要事項を記入して返送しましょう
電話面接がある場合は……
証券会社から連絡が来てもよい自宅や職場の電話番号を知らせましょう。
質問は、投資経験や基礎的な内容です。
難しくないので、大丈夫！

とは、投資資金を口座に振り込み、準備ＯＫです。

4 信用取引に必要なお金って？

信用取引を行う場合、株購入資金のほかにどんな資金が必要でしょうか？　通常の株取引と同様に、信用取引においても手数料と税金は必要です。証券会社によって異なりますが、通常の株取引と同額の手数料もありますし、信用取引のほうが安い場合もあります。業界で、手数料の安さで三本指に入るイー・トレード証券は、通常の株取引で７００円、信用取引では５５０円とさらに、手数料が安く設定されています。

信用取引では投資金額が自己資金の三倍になりますので、取引の回数を増やす人も多いでしょう。手数料が安いということは、利益から引かれる金額が少ないわけですから、その分儲けが多いということになります。

株を売却する際の税金についても、通常の株取引と同様で、得られた利益に対して10％です。信用だからといって、特別に税金を多くとられるといったことはありませんから安心してできますね。

ただし、**信用取引は、あくまでもお金を証券会社から借りているわけです。金利は、期限付き信用取引で約２％。無期限信用取引で約３％**です。２％といっても年の話です。１

００万円を信用取引で借りた場合、１年間では２万円ですが、私がおすすめする１週間未満の短期売買では、せいぜい４００円未満です。これなら安心してできますね。

図38 信用取引に必要なお金

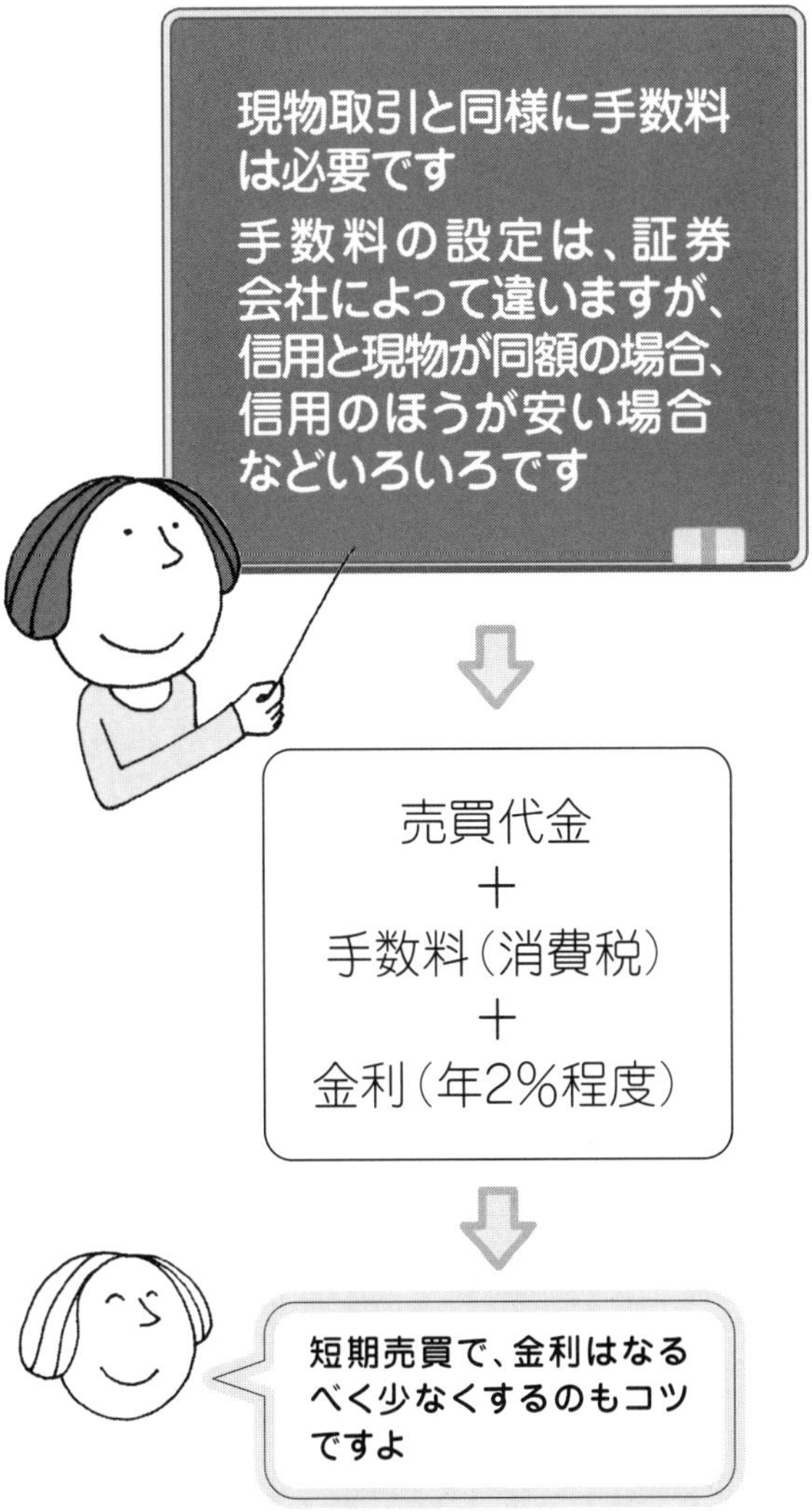
現物取引と同様に手数料は必要です
手数料の設定は、証券会社によって違いますが、信用と現物が同額の場合、信用のほうが安い場合などいろいろです
売買代金
＋
手数料（消費税）
＋
金利（年2%程度）
短期売買で、金利はなるべく少なくするのもコツですよ

5 信用取引なら株価低迷は関係ない！

これまで、信用取引とは、証券会社からお金を借りて自己資金の三倍の取引ができるものだと説明してきました。しかし、実は借りられるものは、お金だけではないのです。**株券も借りて売ることができる**のです。

通常の現物取引と信用取引を比べると、株を買ってから売るという方法は両方とも同じですが、信用の場合には、その逆もできます。つまり、『株を売ってから買い戻す』という方法です。その場合には、証券会社から、売りたい株を借りるのです。そして売った後から、それを買い戻して返済します。

図イは、現物と信用のどちらの取引でも行える、買ってから売る方法を示したものです。**図ロ**ではその反対で、aの株価で、売った時に受け取る売却代金を支払います。それから、bの株価で買い戻すと、**株価が下がった分だけ利益になる**わけです。

このように、株価が上向きの時は、『買ってから売る』方法で、株価が下向きの時は、『売ってから買い戻す』方法で利益を得ることができるのです。

株価低迷の時期に入り、株価が上向きの『買い』銘柄がなかなか見つからずにいた時期に、逆の取引ができる信用取引を知り、私もこの取引の虜になりました。おかげで、株低迷時期も関係なく、確実に儲けることができました。まさに、信用取引さまさまです。

図39 信用取引なら株価低迷は関係ない!

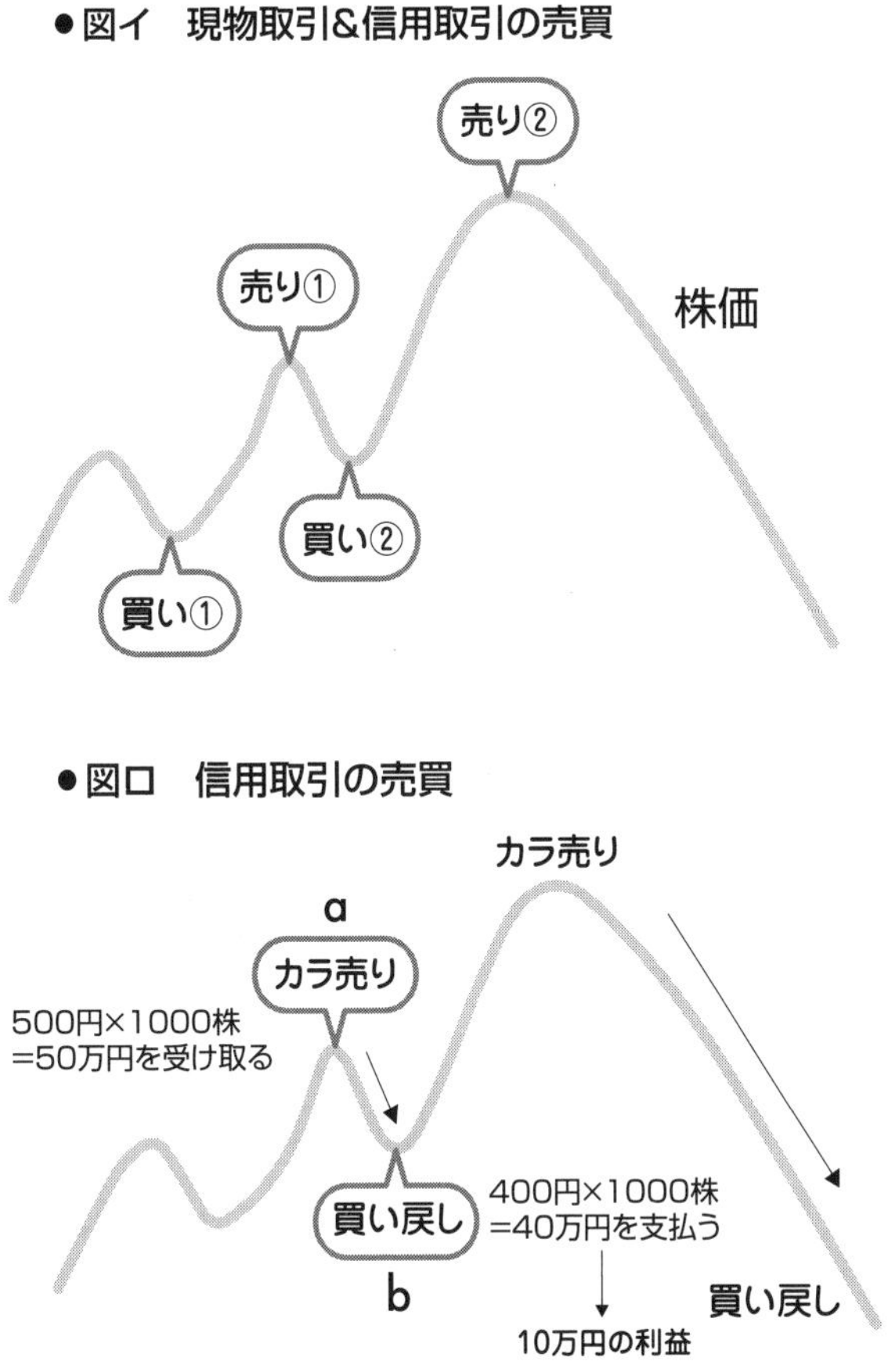
●図イ 現物取引&信用取引の売買
売り②
売り①
株価
買い②
買い①
●図ロ 信用取引の売買
カラ売り
a
カラ売り
500円×1000株
=50万円を受け取る
買い戻し
400円×1000株
=40万円を支払う
b
買い戻し
10万円の利益

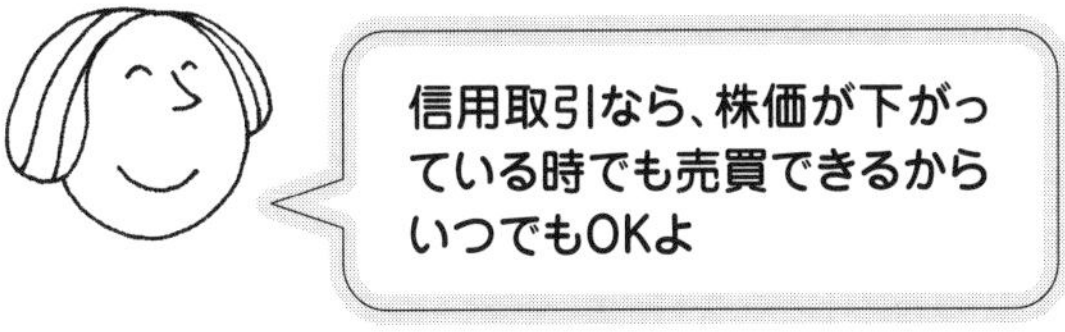
信用取引なら、株価が下がっている時でも売買できるからいつでもOKよ

6 売買に使えるお金を把握しておこう

まだまだ一般人には、「怖い！」と思われがちの信用取引ですが、読者のみなさんには、かなり魅力的に見えてきたのではないでしょうか。ここで、もう少し信用取引におけるお金のことについて知っておきましょう。

信用取引では、自己資金を担保としています。つまりこれは、証券会社が、あなたにお金を貸すための補償金で、『**委託保証金**』と呼んでいます。インターネットで取引を行う場合、**ほとんどの証券会社が、最低委託金を30万円としています**。委託金が多ければ多いほど、信用取引で売買できる金額は多くなります。また、取引可能な金額は、『委託保証金率』で決まります。**委託保証金率は、33％くらいにしている証券会社が多い**ようです。

たとえば、あなたが１００万円分の取引を行いたいと考えているなら、その33％である33万円を保証金として用意しなければなりません。委託保証金については、現金だけでなく、持っている現物株でも代用できます。ただし、**現物株の場合は、時価の8割を担保価格としているのが一般的**です。たとえば、現金が40万円と時価１００万円の現物株があったら、委託保証金額は１２０万円となります。

図40 売買に使えるお金を把握しておこう

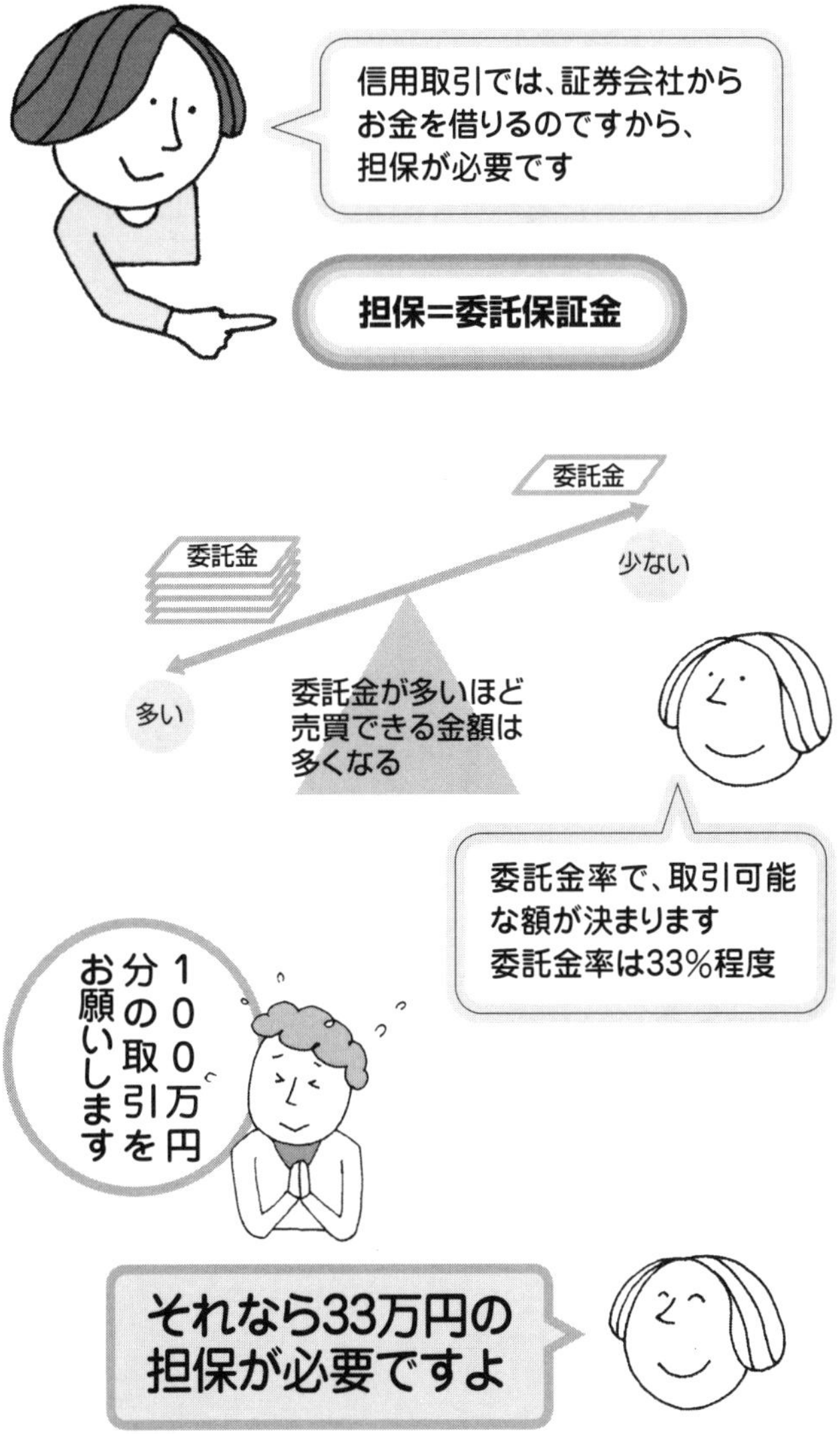
信用取引では、証券会社から
お金を借りるのですから、
担保が必要です
担保=委託保証金
委託金
委託金
少ない
多い
委託金が多いほど
売買できる金額は
多くなる
委託金率で、取引可能
な額が決まります
委託金率は33%程度
100万円分の取引をお願いします
それなら33万円の
担保が必要ですよ

7 短期勝負でいこう

信用取引は、短気な人が向いていると思います。

「いずれ上がるから焦らなくていいよ」なんて、のんびりかまえている人は、信用取引では大損する可能性が大です。

信用取引には、6カ月の期限付きと無期限の二通りがあることは説明しましたね。6カ月は結構長く感じられますけれど、実際に取引している人で、6カ月間、株を持っている人は、ごくわずかでしょう。たいてい1カ月未満で売買を終えているようです。その理由の一つは、『**買方金利**』（または日歩（ひぶ））と呼ばれる借りた時の金利が、長く借りていればいるほどかかるからです。

売りから入る、株を借りている場合も同様で、『**貸株料**』がかかります。貸株料は、1％程度で、1日当たりに換算すると0・003％程度です。1000円の株を100株信用売りすると、株代金の10万円の0・003％ですから、1日約30円という計算になります。**なるべく、短い期間で売買を終わらせて、買い方金利や貸株料は、抑えるのも賢い方法**でしょう。

短期売買のもう一つの理由は、少ない儲けでも確実に利益を確保して、数多くの取引をするということです。ずるずると一つの銘柄を持ち続けていても、長く持っている分だけ儲かるとは限りません。**1週間で終わらせたい気持ちで取引することをおすすめします。**

図41　短期勝負でいこう

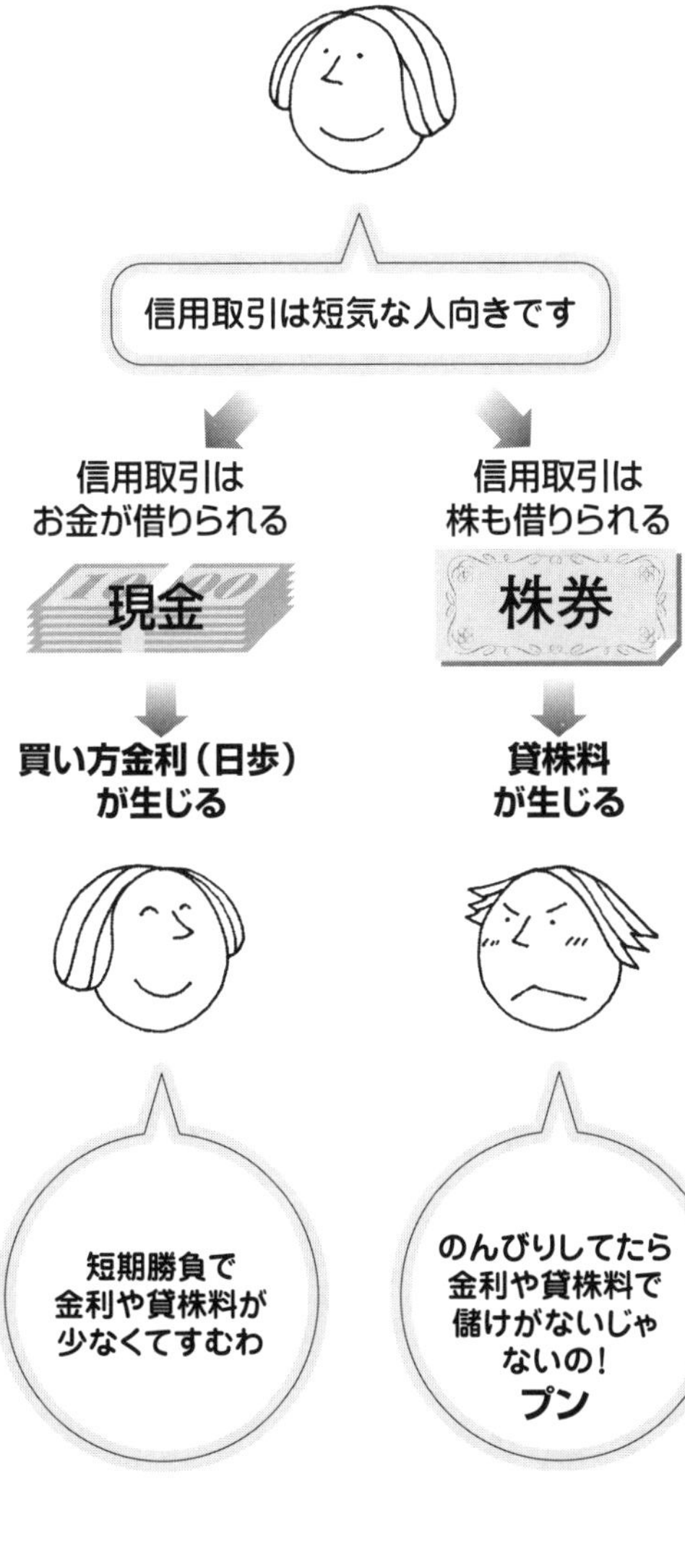
信用取引は短気な人向きです
信用取引は
お金が借りられる
現金
買い方金利（日歩）
が生じる
信用取引は
株も借りられる
株券
貸株料
が生じる
短期勝負で
金利や貸株料が
少なくてすむわ
のんびりしてたら
金利や貸株料で
儲けがないじゃ
ないの！
プン

8 追証には気をつけよう

追証（おいしょう）というと大豆やトウモロコシなどの先物取引というイメージが強いのではないでしょうか。信用取引にも追証というものが発生します。

たとえば、信用取引期限内の6カ月の間に、担保が不足した場合です。追加で、保障金を入れないと、その取引は売るか買い戻すかして、終わらせなければなりません。このように、担保不足のため追加する必要のある保証金を『**追証**』といいます。

担保不足は、お金だけではありません。株式を担保としている場合も同様で、この場合は、もっとやっかいです。時価1000円と思っていた株を担保としても、時価は、変動します。株価が値下がりすれば、担保も減るわけです。したがって、**担保となる委託保証金は、なるべく現金にしたほうが望ましく、その反対にほとんど株式にしてしまうと、追証の発生が高くなるので要注意**です。

しかし、株取引をするわけですから、口座に入っている委託保証金となるべく現金は、必然的に株へと代わっていくのは当たり前のことです。追証を必要としないためにも、次のことを常に守って取引をするとよいでしょう。第一に、**信用で取引できる枠いっぱいの**

お金を使わないこと、第二に、売買を短期間で終わらせ、株価の値下がりによる担保の目減りを防ぐことです。

図42　追証には気をつけよう

追証があるのは大豆やトウモロコシを買う先物取引だけじゃない
信用取引で最も気をつけてほしいこと
それは担保不足の追証です
株券
株券の担保は、日によって、変動します。
株価　上がる→担保が増える
株価　下がる→担保が減る

9

損切りは、得するためだと割り切ろう

通常の株取引、つまり現物取引だけの時には、ぜったいにすすめなかった『損切り』。これは、利益にならないのに、売ることをいいますが、信用取引においては、時に損切りも必要となってきます。

現物取引は、売買を終了する期限もありませんし、お金や株を借りているわけではないので、金利や貸株料もかかりません。ところが、信用取引で買った株は、長く持てば持つほど、金利や貸株料が増え、おまけに期限内に売買を終わらせなければ、大損だろうと強制的に終了となります。薄利多売ではありませんが、なるべく短期間で少ない額でも利益を確定していく、私の方法では、毎日、売買できるだけのお金が十分でなければならないのです。儲かりそうなチャートを見つけても、口座に資金が残っていなければ、チャンスをみすみす逃すことになります。

いつまでも上がる見込みのない銘柄を買ってしまった場合、負けを認めたくはありませんが、**さっさと損の少ないうちに売るべき**です。損をしても、次の株を買って儲ければいいわけです。損切りは、次の株で得するためだと割り切って行いましょう。

図43　損切りは、得するためだと割り切ろう

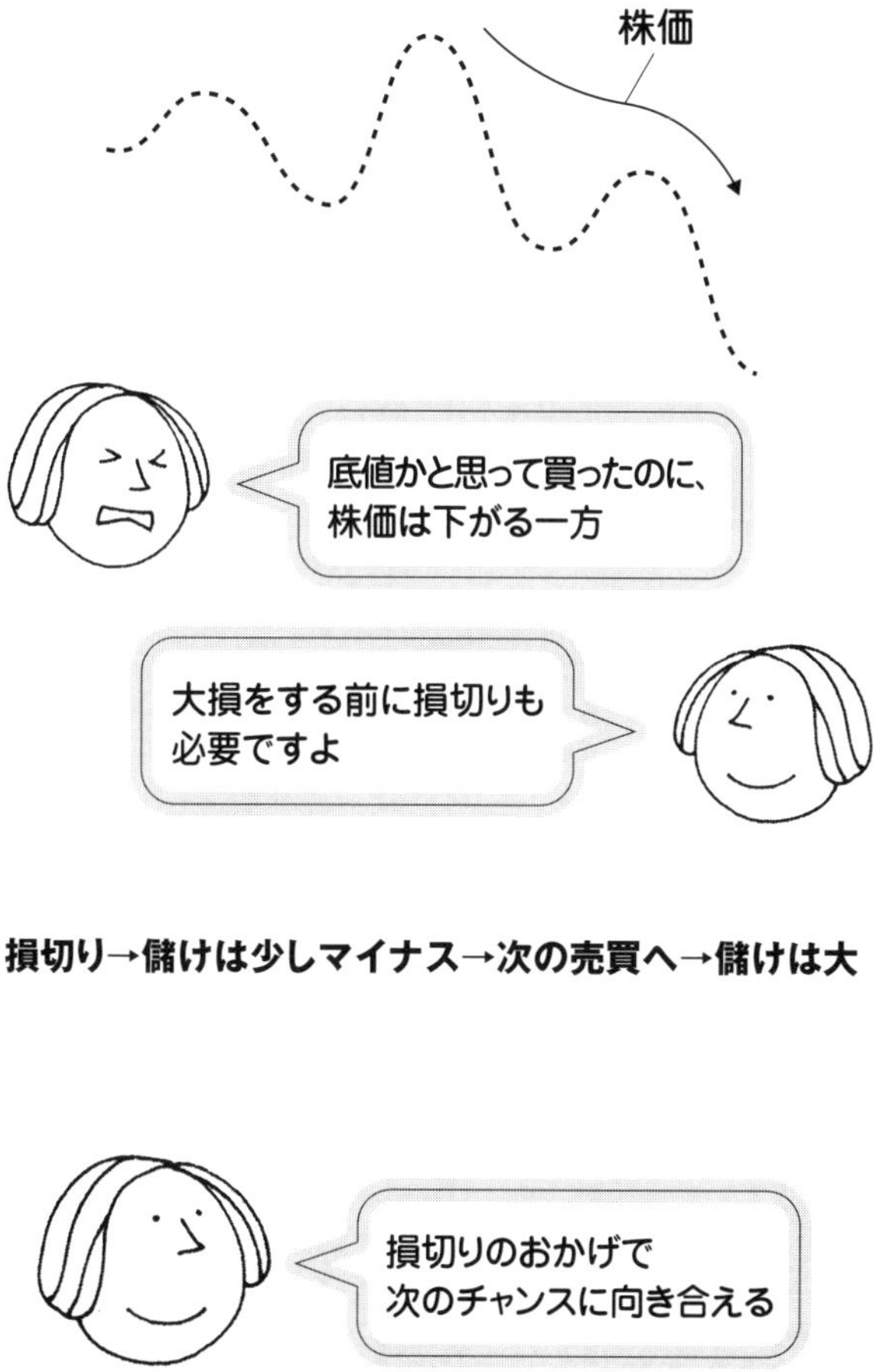
株価
底値かと思って買ったのに、
株価は下がる一方
大損をする前に損切りも
必要ですよ
損切り→儲けは少しマイナス→次の売買へ→儲けは大
損切りのおかげで
次のチャンスに向き合える

10 信用取引で株主優待を受ける方法

信用取引も現物取引と同様に株主優待を受けることができます。

短期売買の多い信用取引は、株主優待を期待するよりも、どちらかというと短期で、より多くの売買を重ねて、キャピタルゲインで儲けるのを目的とした人が多いと思います。ところが、私は現物取引の時から、大の株主優待好き。子供用品専門店の西松屋や普段の買い物に利用しているスーパーの東急ストア、主人のカー用品を買うオートバックスで、割引券を使わないことはないぐらいです。

信用取引に変更した今でも、株主優待好きは変わっていません。ただ、以前よりさらに短期間の売買になったので、株主優待を受けるために作戦を立てています。みなさんに『株主優待ゲット作戦』をお教えしましょう。といっても簡単なことです。**決算時期の権利確定日に1日でも現物で株を持っていればいいのですが、実際は、権利確定日の4営業日前までに株を買っておく必要があります。**決算時期は、四季報やインターネットで簡単に調べられます。それに、インターネットのサイトでは、毎月の株主優待情報もありますから、検索してみるとよいでしょう。

ちなみに、1月は、チョコレートで有名なモロゾフの割引券。2月は、米久でお米引換券。3月は、カナックで、さぬきうどん。4月は、伊藤園で飲み物。5月は、カッパ・クリエイトでお寿司の食事券……。よく考えると私って、食べ物ばかりですね。

図44　信用取引で株主優待を受ける方法

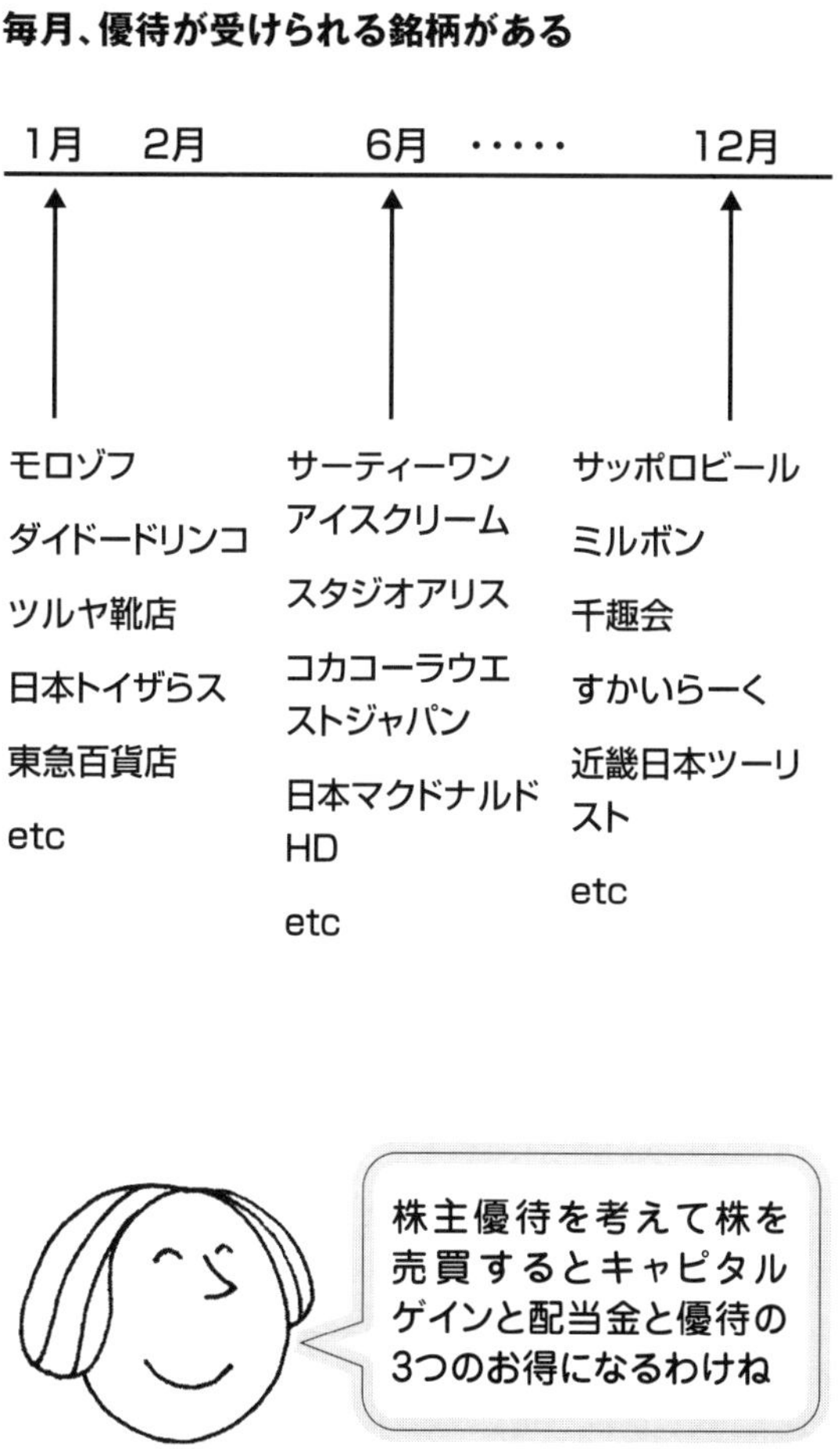
毎月、優待が受けられる銘柄がある
1月　2月　6月　・・・・・　12月
モロゾフ
ダイドードリンコ
ツルヤ靴店
日本トイザらス
東急百貨店
etc
サーティーワンアイスクリーム
スタジオアリス
コカコーラウエストジャパン
日本マクドナルドHD
etc
サッポロビール
ミルボン
千趣会
すかいらーく
近畿日本ツーリスト
etc
株主優待を考えて株を売買するとキャピタルゲインと配当金と優待の3つのお得になるわけね

第4章

失敗・後悔しない！
山本流銘柄選びの法則10

1 株で成功するかどうかの半分は銘柄選びにかかっている

株というものは、銘柄を選んで売買するという単純作業です。

したがって、株で儲かるかどうかの半分は、銘柄選びにかかっているといえます。そして、銘柄を選ばなければ、いつまでたっても株取引は始まらないのです。

私が今までやってきた銘柄選びの方法は、**自分がよく知っている企業やとても好きな商品を開発、販売している企業から選ぶというものです。**それから、**街で見かけた会社に興味を持ったら、家に帰ってその会社について調べてみる**程度です。それらの企業を表（コンビニエンステーブルと呼んでいる）にまとめておいて、買う時期に適した銘柄を選ぶのです。

今でこそ、その表には１００社ほどの銘柄が並んでいますが、それでも一部上場企業全体の数は、１５００社以上あるので、私のテリトリーは、その十五分の一程度です。少ない分、早く、「買い」（信用の場合は、売りも含む）に適した時期の銘柄を見つけやすいわけです。

銘柄と現在値、前日比、損益チャート等でしたら、証券会社やニフティなどのサイトで、

図45 株で成功するかどうかの半分は銘柄選びにかかっている

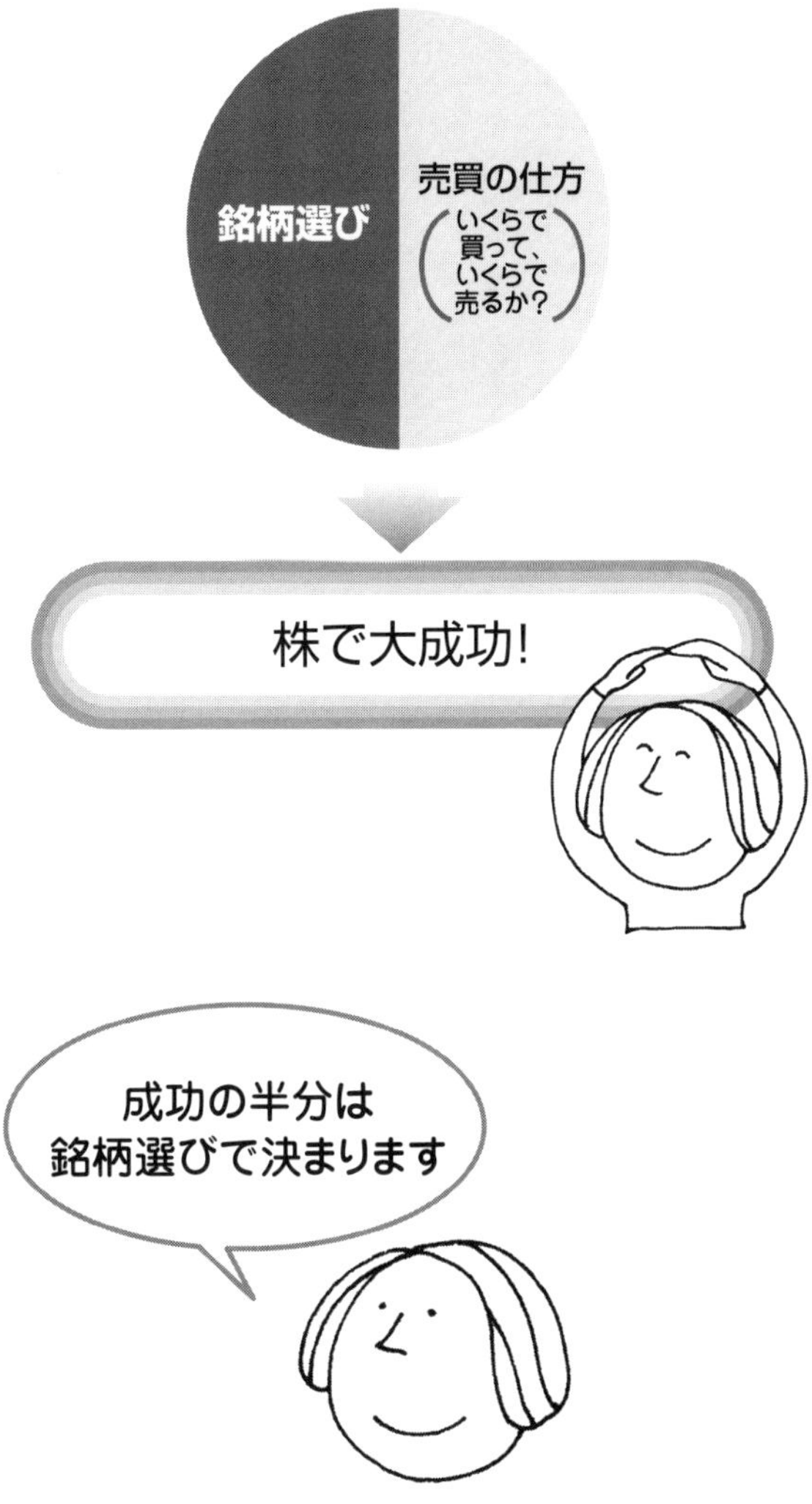
銘柄選び
売買の仕方
（いくらで買って、いくらで売るか？）
株で大成功！
成功の半分は
銘柄選びで決まります

ポートフォリオという名称で、すぐに作ることができます。私が株を始めた頃は、表作成ソフトのエクセルなどを使って表を作り、プリントアウトをして壁に貼っていました。みなさんも好きな方法で、ひとつ**コンビニエンステーブル**（便利表）を作って、常に利用するとよいでしょう。

株に関する情報は、テレビのニュース、新聞、四季報、雑誌のほかに、各証券会社のサービスやインターネットの掲示板まで、本当に無限大にあります。すべての情報を把握できるのなら、それもよいでしょうが、それはぜったいに不可能です。また、情報には、確かな情報とかなり正確に近い情報、不正確な情報がありますから、それを見極める必要があります。

確かな情報をより多く、より短時間に把握し、銘柄を選ぶ、これが重要です。このステップでまごついていると、買うのに適した時期を逃してしまいます。ここでは、なるべく失敗や後悔をしないよう、先ほど述べたコンビニエンステーブルを含めて、10のポイントをお教えしましょう。

もちろん、私が説明するポイントのほかに、みなさんが信じられる、利用できると思った情報に出会ったら、ぜひそれも参考の一つに入れてください。ただし、**インターネットの掲示板で、さも本当のように講釈を述べているものには要注意**ですよ。

図46 自分だけのコンビニエンステーブルを作ろう!

コンビニエンステーブル（ポートフォリオ）の一部

取引	銘柄(コード)	買付日	数量	買付平均単価	現在値	前日比	損益	損益(%)	評価額	編集
現買 現売	9984 ソフトバンク	--/--/--	--	--	4,180	+300	--	--	--	詳細 編集
現買 現売	8197 東急ストア	--/--/--	--	--	550	+19	--	--	--	詳細 編集
現買 現売	6139 ダイジェット	--/--/--	--	--	170	+3	--	--	--	詳細 編集
現買 現売	6242 スピンドル	--/--/--	--	--	178	+10	--	--	--	詳細 編集
現買 現売	8236 丸善	--/--/--	--	--	205	+11	--	--	--	詳細 編集
現買 現売	8274 東武ストア	--/--/--	--	--	239	+8	--	--	--	詳細 編集
現買 現売	1861 熊谷組	--/--/--	--	--	259	+11	--	--	--	詳細 編集
現買 現売	8111 ゴルドウイン	--/--/--	--	--	169	+13	--	--	--	詳細 編集
現買 現売	3882 紀州紙	--/--/--	--	--	181	+6	--	--	--	詳細 編集
現買 現売	5606 旭テック	--/--/--	--	--	181	--	--	--	--	詳細 編集
現買 現売	6203 豊和工	--/--/--	--	--	123	+7	--	--	--	詳細 編集
現買 現売	6208 石川製	--/--/--	--	--	151	+13	--	--	--	詳細 編集
現買 現売	7890 ダイワ精工	--/--/--	--	--	121	+5	--	--	--	詳細 編集
現買 現売	6791 コロムビアME	--/--/--	--	--	114	+8	--	--	--	詳細 編集
現買 現売	1819 太平工	--/--/--	--	--	132	+8	--	--	--	詳細 編集
現買 現売	1518 三井松島	--/--/--	--	--	150	+7	--	--	--	詳細 編集
現買 現売	6375 日コンベヤ	--/--/--	--	--	103	+4	--	--	--	詳細 編集
現買 現売	5917 サクラダ	--/--/--	--	--	149	+9	--	--	--	詳細 編集
現買 現売	6766 宮越商	--/--/--	--	--	115	+8	--	--	--	詳細 編集
現買 現売	1885 東亜建	--/--/--	--	--	146	+2	--	--	--	詳細 編集
現買 現売	4208 宇部興	--/--/--	--	--	173	+7	--	--	--	詳細 編集

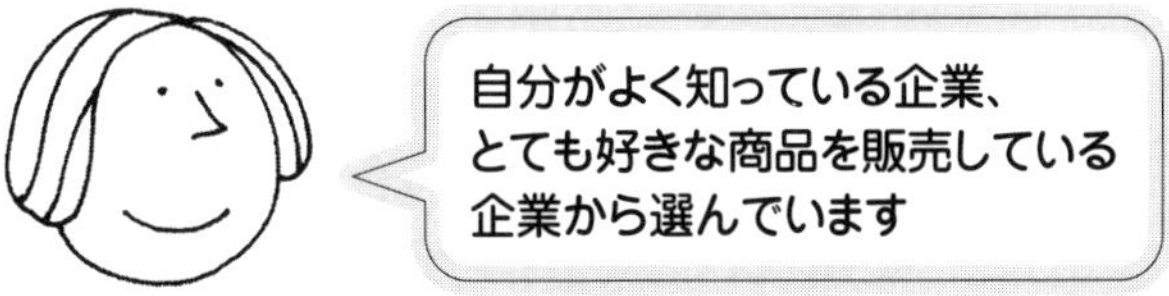
自分がよく知っている企業、
とても好きな商品を販売している
企業から選んでいます

2 証券会社の情報サービスは、大いに利用しよう

自分が取引をする口座を開設したら、その証券会社の情報サービスは大いに利用してください。証券会社によって、そのサービスは様々だと思いますが、大きく分けて、『マーケット情報』『株式情報』『投信情報』等の株取引をするためのお役立ち情報と自分の取引内容を管理するための『ポートフォリオ』『取引』『口座管理』等があります。

『マーケット情報』では、「今日は、全体的に伸び悩んでいるなあ」「日経平均株価は、1万2000円を超してる」など、全体の株式市場の流れが読めます。

コンビニエンステーブルの中で、どうも買うのに適した銘柄が見つからないという時には、『株式情報』にある『ランキング情報』を参考にしています。

『ランキング情報』の『値上がり情報』では、これからもっと上がりそうな銘柄なのか、それとも前日下がっていたので、その反発で値上がったのかなどをチャートでチェックします。『値下がり情報』では、下がり始めたばかりか、それとも底値なのかなどを見ます。

また、『ランキング情報』のベストテンに入っていた銘柄については、良いニュース、悪いニュースがあったかを調べ、あまりニュースに左右されていない時は、同種の銘柄も

チェックしてみるとよいでしょう。

図47 証券会社の情報サービスを利用しよう

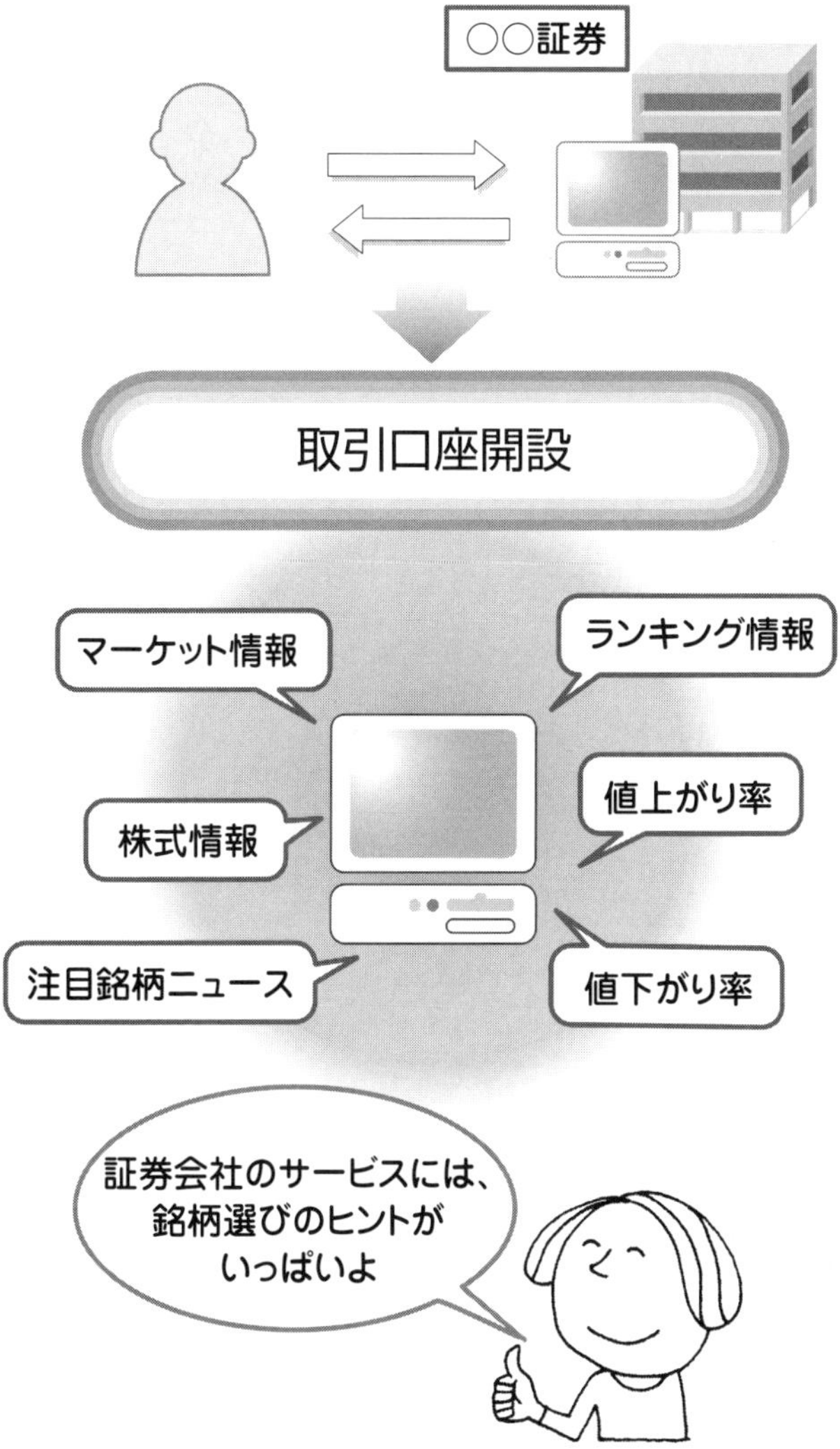

○○証券
取引口座開設
マーケット情報
ランキング情報
株式情報
値上がり率
注目銘柄ニュース
値下がり率
証券会社のサービスには、銘柄選びのヒントがいっぱいよ

『注目銘柄ニュース』も時間があれば参考にしてください。たとえば、「トヨタが続伸、円安好感し連日の年初来高値更新」というニュースがあれば、波に乗っているトヨタに乗っかるもよし、同じ円安によって、利益を得る企業を探すもよしです。しかし、こんなニュースがあったら、トヨタに乗っかろうと思う人は、注意してほしいことがあります。年初来高値だから、大儲けできると大金をつぎ込みすぎたり、もっともっと上がれ、と欲張ると大損します。**ニュースになった時には、儲けられるおいしい期間は残りわずかだと考えたほうがいい**でしょう。この良いニュースに乗っかって儲けようと思う人は、あなただけではなく、それを見た多くの人達がそう思っていると考えるべきです。

あくまでも注目銘柄は注目であって、**『注目』＝『買い』ではない**のです。ただし、乗っかっちゃいたい、という気持ちは、わかります。そんな場合は、翌日までの取引でケリをつけましょう。あなたの儲けは、『年初来高値』でなくてもいいじゃないですか。**小さくても利益確保が優先**です。

証券会社の情報サービスは、見落とすことなく把握しようと思ったら、その情報の膨大さに驚くでしょう。情報には、すぐに役立つもの、いずれ役立つもの、興味深いもの、そうでないもの、いろいろとあります。情報に振り回されず、情報をうまく使いこなしてください。情報を使いこなしている人こそ、株の成功者となり得る人ではないでしょうか。

図48 注目銘柄ニュース

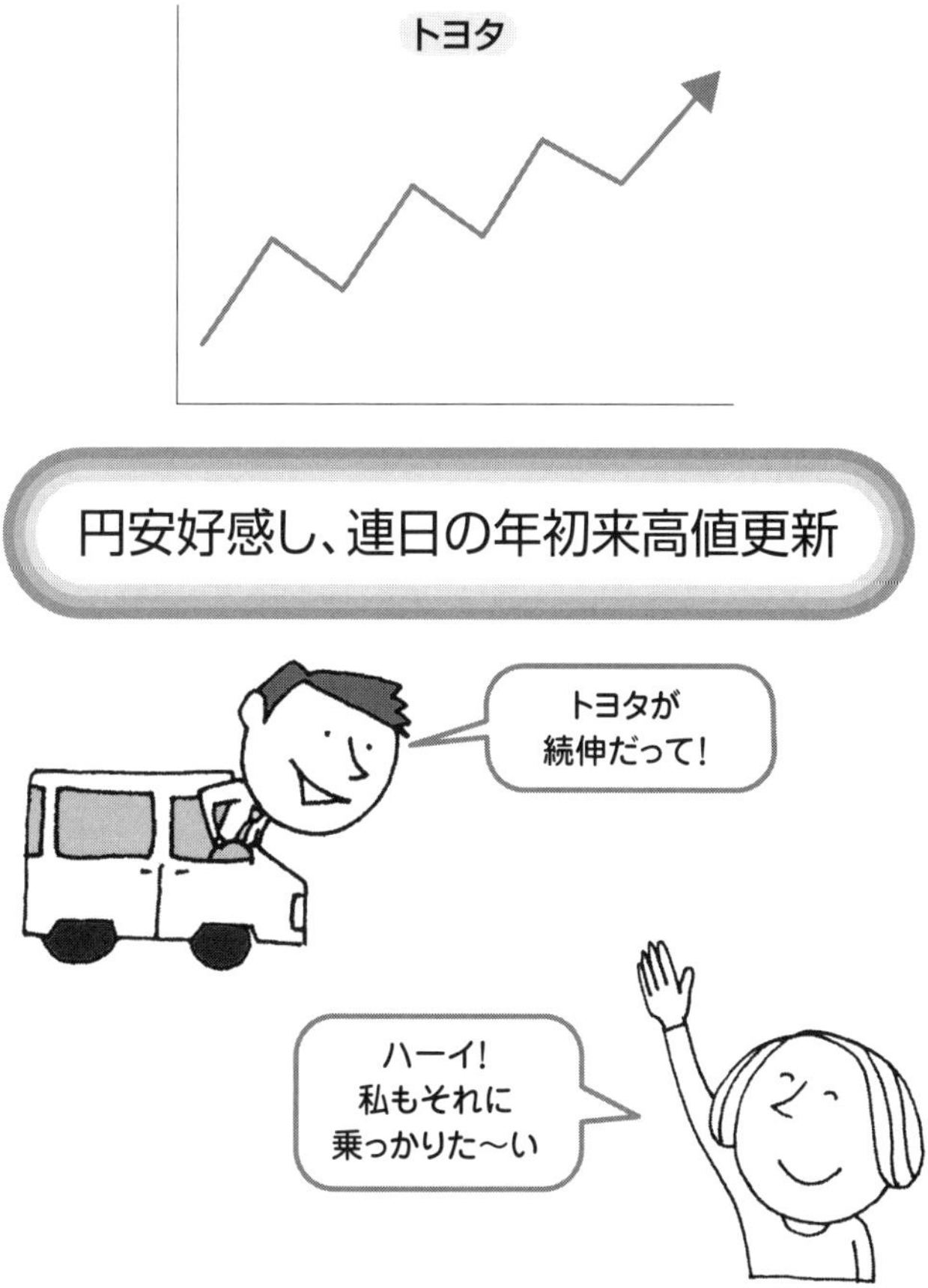
トヨタ
円安好感し、連日の年初来高値更新
トヨタが
続伸だって!
ハーイ!
私もそれに
乗っかりた〜い

でも、「注目銘柄」＝「買い」ではないので注意しましょう

3 旬の銘柄は、シーズン数カ月前からデータチェック！

私のコンビニエンステーブル（便利表）の中にあって、定期的に取引をするシーズンものの銘柄があります。

「はーる（春）を愛する人は、引っ越し好きなヒト〜」

春は、入学、就職、転勤の季節。一人暮らしを始めたり、転勤のため、家を住み替える人達が多い時期です。そう思ったら、陸運業、不動産業などの業種をチェック！　家を建てる人もいるかもしれません。ついでに建設業もチェックしてみましょう。もう少し連想してみると、引っ越した後は新しい家具が必要です。また、新入生には机や鞄、新入社員にはスーツ。こうなると、百貨店や衣料関連の業種も注目したいものです。

「なーつ（夏）を愛する人は、の〜ど（喉）が乾くヒト〜」

やっぱり夏は、暑い。飲み物は欠かせません。子供はジュース、ダイエット好きの女性はお茶。大人はビール。とにかく、日本の夏は暑いですから、飲料水がバカ売れする季節です。そこで、ペットボトルで売られているお茶や缶ジュース、ビール業界の銘柄をチェックしてはいかがでしょうか。

図49 旬の銘柄は、シーズン数カ月前からデータチェック!①

シーズン(季節)銘柄を
チェックしましょう
はーる(春)を愛する人は、引っ越し好きなヒト〜
引っ越し
春は、入学、就職、転勤、一人暮らし、
引っ越しetc…の季節です。
陸運業、不動産業、衣料品などに
注目ですね

チェックの時期についてですが、夏が来たから夏に売れそうなものを調べていては、遅いのです。夏に旬の企業は、確かに夏に売れ行きがいいでしょう。しかし、それは、誰でも思うことで、売れ行きがよさそうだから、その前の株価が低い時期に株を買っておかなければならないのです。**少なくとも3、4カ月前からチャートをチェックし、低い株価の時に買っておくことが望ましい**でしょう。ただ、他の人も同様なことを考えますから、株価が上昇し、高い株価になると売る人が出てくるのが当然です。そうなると、旬であるはずの夏が来る前に、売りが多くなり、株価が下がってしまうこともあります。

旬の銘柄を狙うのであれば、まずは数カ月前から。そして、今度は、数カ月後もチェックするのを忘れずに。たとえば、夏にあるビール会社の売り上げがよければ、いったん下がった株価は、再び上がりだします。逆に冷夏で、予想以上に売り上げが悪ければ、株価も思わしくありません。このように、旬の銘柄は、ある程度、株価のチャートが予想しやすいのですが、気候によっても変わってきます。株取引をする人は、パソコンの画面ばかり見ていないで、たまには、窓を開けて外の空気を吸ったり、散歩に出かけて自分自身で、株価の上がり下がりを感じましょう。

「あーき（秋）を愛する人は、食べるの好きなヒト〜」

「ふーゆ（冬）を愛する人は、暖房もつけるでしょ〜」

図50　旬の銘柄は、シーズン数カ月前からデータチェック!②

4　日常生活やワイドショーから売れ筋商品を探せ

株取引をしたことのない人、特に女性は、株というと男性の世界に思えるといいます。確かに、株式会社の社長は、男性が多いし、株を扱っている証券マンは、男性のイメージが強く、証券ウーマンという言葉もあまり聞きません。

けれども実際には、女性が株の世界を支えているというか、女性のおかげで、株が上がったり下がったりして、株で儲ける人が出てくるのではないかと思っています。

以前は、業界トップクラスを走っていた『ユニクロ』こと『ファーストリテイリング』は、衣料品の薄利多売で儲けている企業の一つです。数年前に流行っていた、ユニクロのフリースは、老若男女、日本人の半数以上が一枚は持っているというもので、なかには色違いを十枚以上持っている若者もいたそうです。私もユニクロの売り上げには、かなり協力していて、主人と子供を含めて、家族でフリースを愛用しています。この原稿を書いている今でさえも、Tシャツとスウェットパンツは、昨年にユニクロで購入したものですし、毎日、近所へ買い物に出かける時に、肩からかけているポシェットも二年前に二個1000円で買ったものです。

図51 日常生活やワイドショーから売れ線商品を探せ

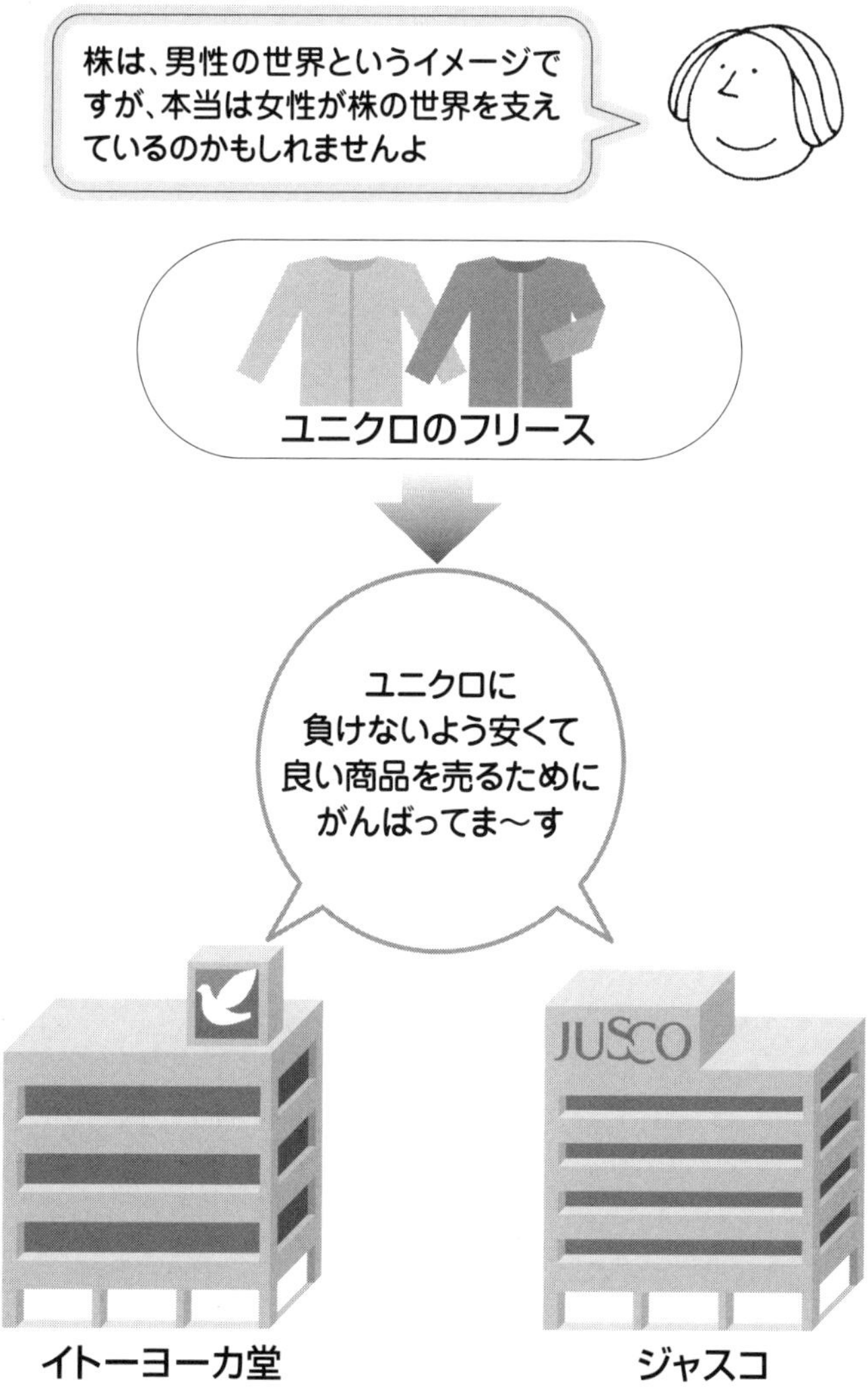
株は、男性の世界というイメージですが、本当は女性が株の世界を支えているのかもしれませんよ
ユニクロのフリース
ユニクロに
負けないよう安くて
良い商品を売るために
がんばってま〜す
JUSCO
イトーヨーカ堂
ジャスコ

ところが、格安のフリースもお洒落なTシャツも『ユニクロ』だけでなく、他でも同様の値段で買うことができるようになりました。今年になって、気づいたのですが、実は、スーパーのイメージが強かった『イトーヨーカ堂』や『ジャスコ』は、いつの間にか、スーパーと百貨店の中間の立場になっていて、『ユニクロ』並みの値段とお洒落さを持った商品が多くなってきました。食料品と衣類が同じ建物内で買えるほうが便利ですから、自然と『イトーヨーカ堂』派になって、ユニクロ離れしていく私。すると、一時は、１万５０００円台にもなった『ユニクロ』の株は、今では８０００円台。

お父さん方は、どこで買ってもいいよ、何着てもいいよ、という人が多いようですが、女性は、商品を見る目は厳しいのです。なんといっても財布の紐を握っているのは、お母さん方、ＯＬが大半なのです。**私達、女性が、財布の紐をゆるめてしまうような商品を扱っている企業は、狙い目の銘柄**といえるでしょう。普段は、あまり買い物に出ない方は、テレビのワイドショー番組で情報を得る手もあります。テレビの影響は、とても大きいのです。たとえば、インスタントラーメンのコマーシャルを見た人達が、一度は、買ってみるだけで、大ヒット商品となります。たとえ、まずくて二度と買わないとしても。大ヒット商品だとワイドショーで流せば、まだ食べたことのない人も買いたくなり、二度目のヒットの波がやってくるのです。なんだか、これって、株価に似ていますよね。

図52 売れ筋商品は時代とともに変わる

ファーストリテイリング（9983）
（過去5年のデータ）

9983.T - Monthly
13-week MA
26-week MA
18000
16000
14000
12000
10000
8000
6000
4000
2000
0
2000/1
2001/1
2002/1
2003/1
2004/1

3年前に買ったファーストリテの株がまだ売れてないのよ～
売れ筋商品は、時代とともに変わっていくのよ

日常生活で儲かりそうな銘柄を見つけよう
ワイドショー番組で、流行、売れ線商品がわかるぞ
TV

5 格安、値がさ、流行銘柄を見つけられたらラッキー

特に、定義というのはないのですが、株には、**『値がさ株』**と呼ばれるものがあります。株価水準が高い株で、一般的には、超優良企業や業績好調な企業が多いようです。

たとえば、一部上場企業で、日経平均株価の一要素ともなっているソフトバンクという企業の名称は、どこかで耳にしたことがあると思います。ソフトバンクも値がさ株の一つで、2003年の夏には、1株あたり2000円を切っていたのが、秋には、5000円前後に、冬には、もう少しで8000円に手が届くほどに上昇していました。

もし、2000円付近で買って、8000円付近で売っていた人がいたならば、かなりの大儲けだったことでしょう。その後、株価は、2003年の末には、3000円付近まで下がりましたが、年明けをきっかけに上昇し、かつての目覚ましい上り坂の再現を見ているようです。これは、ソフトバンクだけではなく、ハイテク値がさ株全体も同じような動きのものがよく見られます。つまり、この時期は、ハイテク値がさ株が流行(はやり)で、**この流行をいち早く読み取り、流行に乗って、数社のハイテク値がさ株を売買するといい**のです。

流行を読み取る一つの手だてとして、各証券会社やインターネットのサイトで利用でき

図53　格安、値がさ、流行銘柄を見つけられたらラッキー

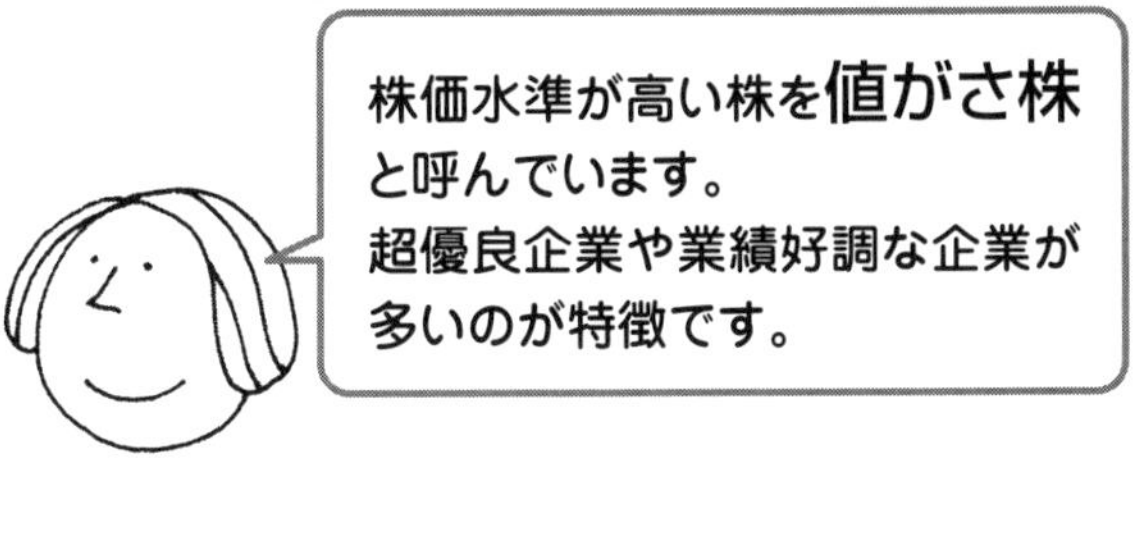

ソフトバンク（9984）

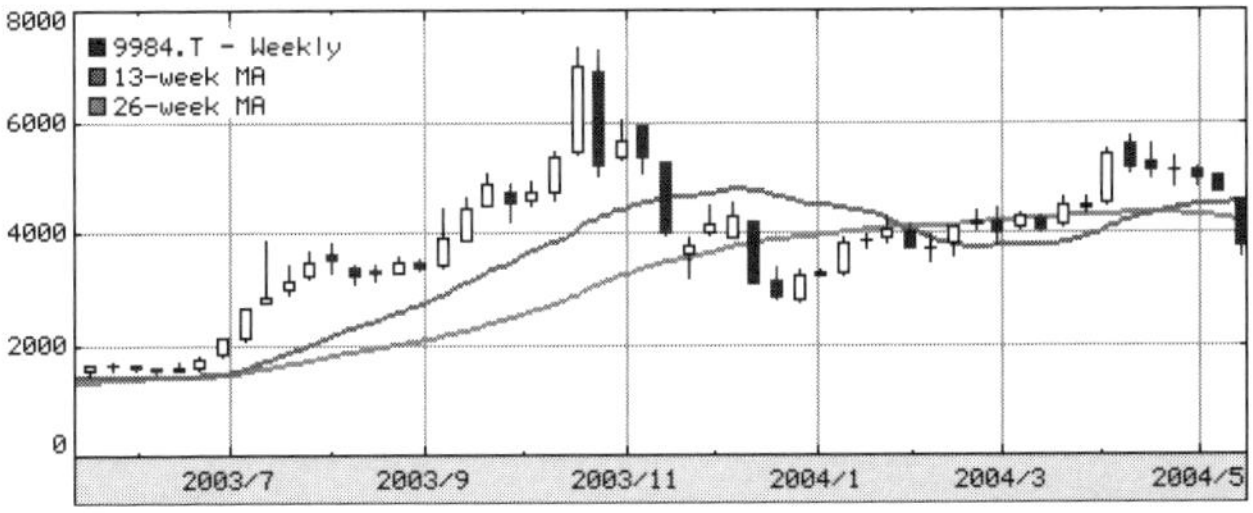

る情報を利用する方法があります。前にも述べましたが、『注目銘柄』は、その時期の注目すべき銘柄ですから、同種の銘柄もいくつかチェックして、同様な動きがあれば、流行かどうかある程度の予測がつきます。

また、100円以下、100円台の格安株ばかり見るというように、株価に注目してチャートをチェックするのもおもしろいでしょう。格安の銘柄ばかりが、良い動きをしている時期にぶつかります。格安の銘柄は、値段が安いので手がだしやすく、株数も多く買うことができます。普段、1000株買っている人は、株価が10円上がって売ると1万円の儲けですが、格安銘柄で、3000株買ったとすれば、いつもの三倍の3万円の利益となります。格安銘柄なのですが、儲けは格安ではないのです。

私の場合は、100円付近の株を1万株買って、10円上がれば売る、ということをよく行います。たった10円ですけど、1万株ですから、約10万円の利益となります。格安株が流行の時期は、一~三日で10円程度でしたら、意外とスムーズに上がります。同様の**格安株を数社見つけて売買すれば、短期間で数10万円の利益確保は堅い**でしょう。

ただし、引き際が大切です。流行は、すぐに去って、次の流行へと移っていくものです。とりあえず、目標の一カ月10万円を達成したら、ひと息入れてはいかがでしょうか。

図54　格安株でも1万株買えば儲けられる

ファッションだけが流行じゃないんだ。
格安株は、値段が安いし、株数も多く買えていいなあ。
100円の株を、1万株買う
10円上がれば
100万円が110万円になる
私は、100円付近の株を1万株買って、10円上がれば売るという売買をよく行っています

6 おいしい銘柄は、同種銘柄と関連銘柄もチェック

株価が順調に上がっている状態の銘柄を**おいしい銘柄**と個人的に呼んでいます。おいしい銘柄は、流行銘柄に含まれることも多いのですが、良い製品を扱っていることや業績がよい銘柄は、流行に左右されることなく、株価も良好です。

ある意味で、**おいしい銘柄＝注目株**でもあります。注目銘柄は、多くのトレーダーが注目しているので、自分がいざ買おうという時には、かなり株価が上昇したあとです。そこで、同種の銘柄もチェックして、あとわずかな上昇を期待して、**注目銘柄と同種の銘柄の両方を短期間で売買するのが、私の方法**です。もう一つ、関連銘柄にも目を向けています。

暖房器具を扱っている企業の株が良好な時期に、電機メーカーやガス器具関連の銘柄をチェックします。その時に、もう一つ踏み込んで、暖房器具だけでなく、その燃料を扱っている会社はどうかな、と考えることができれば、あなたが株で成功する可能性は、大幅にアップです。

シナネンという企業名は、知らない人も多いでしょう。これは、もともと東京の品川にあった品川燃料という会社で、その後、シナネンと名称を変更しています。

図55　おいしい銘柄は、同種銘柄と関連銘柄もチェック

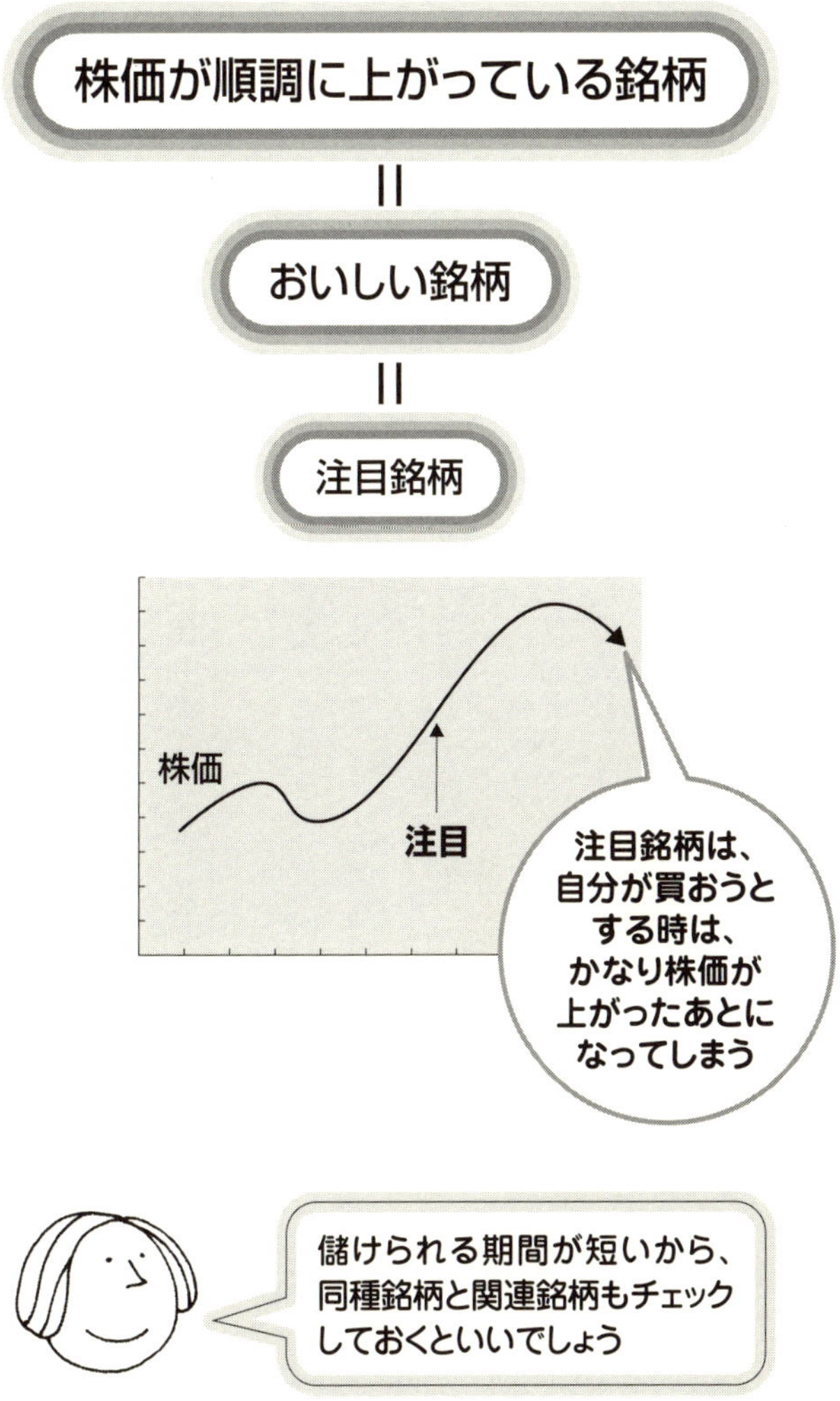
株価が順調に上がっている銘柄
＝
おいしい銘柄
＝
注目銘柄
株価
注目
注目銘柄は、自分が買おうとする時は、かなり株価が上がったあとになってしまう
儲けられる期間が短いから、同種銘柄と関連銘柄もチェックしておくといいでしょう

石油、ＬＰガスを扱う総合燃料商社であるシナネンは、ゼオミックという抗菌剤の用途開拓に成功し、その業績は高い評価を受けています。その割に、比較的株価の手頃な銘柄で、４００〜５５０円程度です。

株をはじめてから、利益を得る喜びを知ったことは、もちろんすばらしいことなのですが、**家にいても、様々な会社や商品に出会え、身近に感じられることが、毎日をとても楽しくしています。**

余談になりますが、私は、株の売買にひと息入れたい時、関連会社の仕事内容を見るのが好きです。シナネンもそうですが、たとえば、抗菌剤のゼオミックって、何だろう？と知りたくなってしまうのです。インターネットを利用して調べてみると、「あっ、知ってる知ってる」「売ってるのを見た！」なんてことがよくあるのです。

知らないうちに、ゼオミックを使ったまな板を持っていましたし、大型玩具店では、ゼオミックでコーティングしたベビー用の玩具を売っていました。

私達に最も身近な台所用日用品からはじまって、冷蔵庫や電子レンジ等の電化製品、ボールペンやクリアファイル等の文具用品、白衣やカーテンといったものまで、ゼオミックは使われていました。将来、化粧品や食品添加剤への応用も研究中だとか。うーん、まだまだ発展途上のゼオミック。もちろん、株価も発展途上であることを祈ります。

図56 注目株から一歩、二歩踏み込んで発想を広げよう

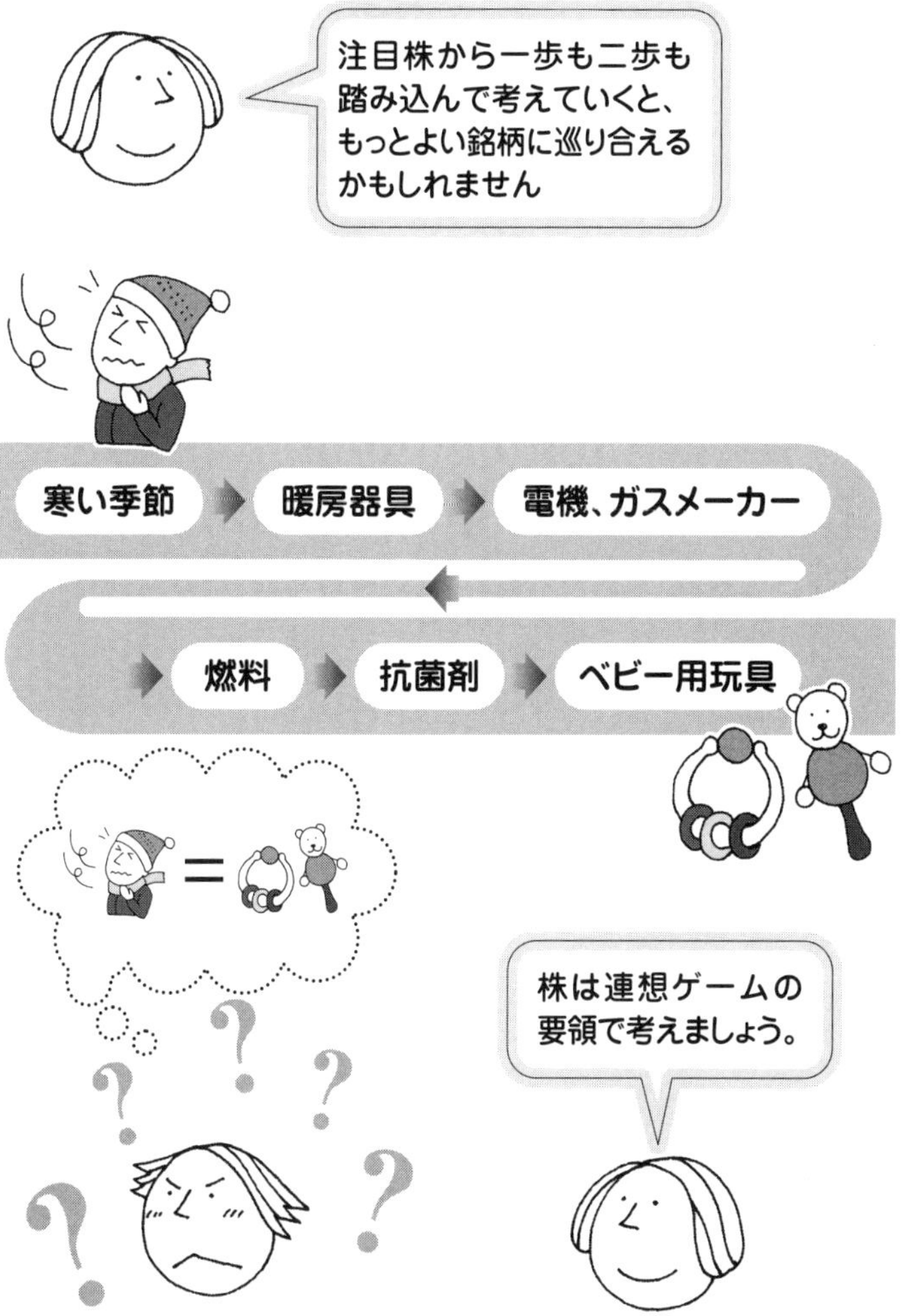
注目株から一歩も二歩も踏み込んで考えていくと、もっとよい銘柄に巡り合えるかもしれません
寒い季節
暖房器具
電機、ガスメーカー
燃料
抗菌剤
ベビー用玩具
株は連想ゲームの要領で考えましょう。

7 メリハリの利いたチャートがグッド

第2章9で『トレンドライン』を説明しましたが、まさに、トレンドラインの美しいチャートが見つかれば、大チャンスです。美しいトレンドラインとは、株価の上がり下がりのメリハリが利いていることです。また、ある程度の期間株価が上がっている（または下がっている）、そして、ある程度の期間下がっている（または上がっている）というように、**上がり下がりの周期がはっきりしているものは、もっとすばらしいチャート**です。

このように、上昇トレンドだとか、下降トレンドだとか、よく気にする人がいますが、**メリハリがきいていれば、別にトレンドに乗っていなくても、私的にはOK**です。

たとえば、サクラダ。えっ、そんな企業知らない、と思う人がほとんどでしょう。私も、この銘柄を知ってまだ日が浅いんです。せいぜい、橋梁・鉄構専業の老舗という程度の知識しかない状態です。この企業は、何年も前から配当金はありませんし、おまけに人員削減で、業績の良し悪しを疑ってしまうような印象を受けていました。

ですが、左のチャートを見てください。特に、２００4年3月あたりから急上昇をしているのがわかると思います。すばらしい上昇チャートでしょう。

図57　メリハリの利いたチャートがグッド！

サクラダ（5917）

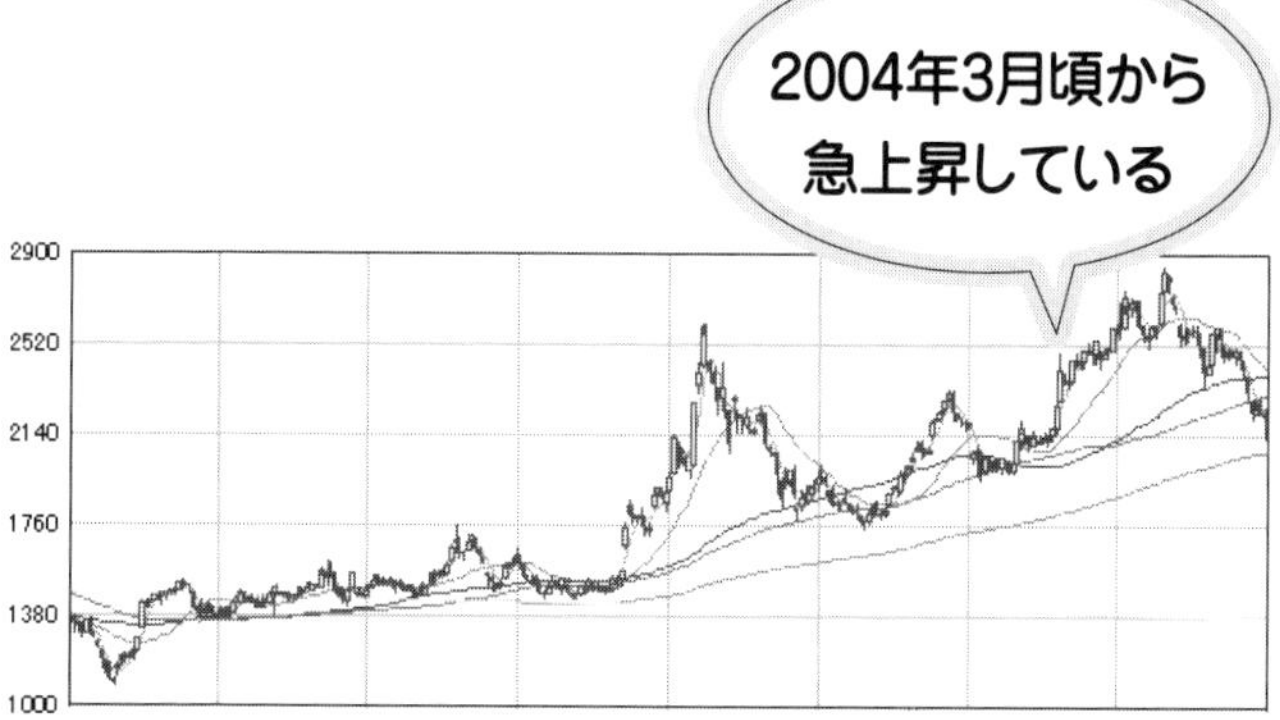
2004年3月頃から
急上昇している
2900
2520
2140
1760
1380
1000

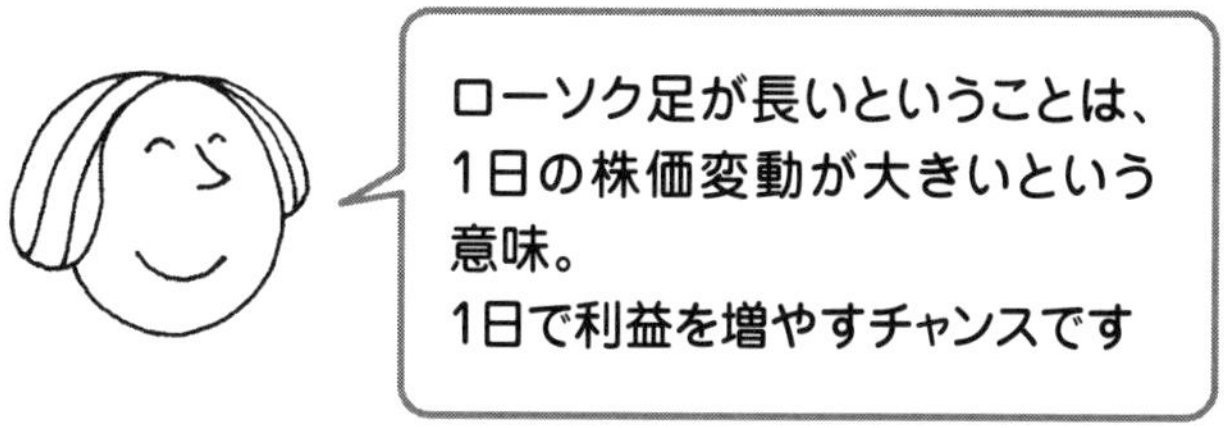
ローソク足が長いということは、
1日の株価変動が大きいという
意味。
1日で利益を増やすチャンスです

もう一点、特徴的なのが、ローソク足の長さです。白ローソクの長～いものが、ちらほら見えるでしょう。つまり、1日の株価の変動が非常に大きいわけです。

私は、運良く、この白長ローソクに乗っかって、成り行きで買ったにもかかわらず、1日で、100万円近くの利益をもたらしました。もっと細かくいえば、私の場合、1日四十分しか取引時間に費やしませんから、四十分間にそれだけの利益を確保したのです。

まさに、これがメリハリのあるパンチの利いたチャートといえるでしょう。

さて、こんな大チャンスの銘柄をどうやって探したかをお教えしましょう。

私は、夜に子供が眠った後、暇になると株に関する情報をリサーチすることがあります。何年も仕事や勉強から遠ざかっている私には、難しい分析はどうも苦手です。ですから、頭を使わずに、チャート一覧をただ見ているだけなのです。どちらかというと流しているといったほうが的確かもしれません。

EXCITEファイナンスの株価情報サイトでは、黒地に赤と青のロウソクで表したチャートが業種別に一覧となっています。**業種別になっているので、どの業種が好調かということも把握できますし、メリハリの利いたチャートも一目瞭然**です。

マウスをクリックするだけなので、指を動かす労力は、ほんの少し必要ですが、考える必要がないので、私にぴったりのリサーチ方法なのです。

図58 EXCITEファイナンスの株価情報

チャート一覧の例

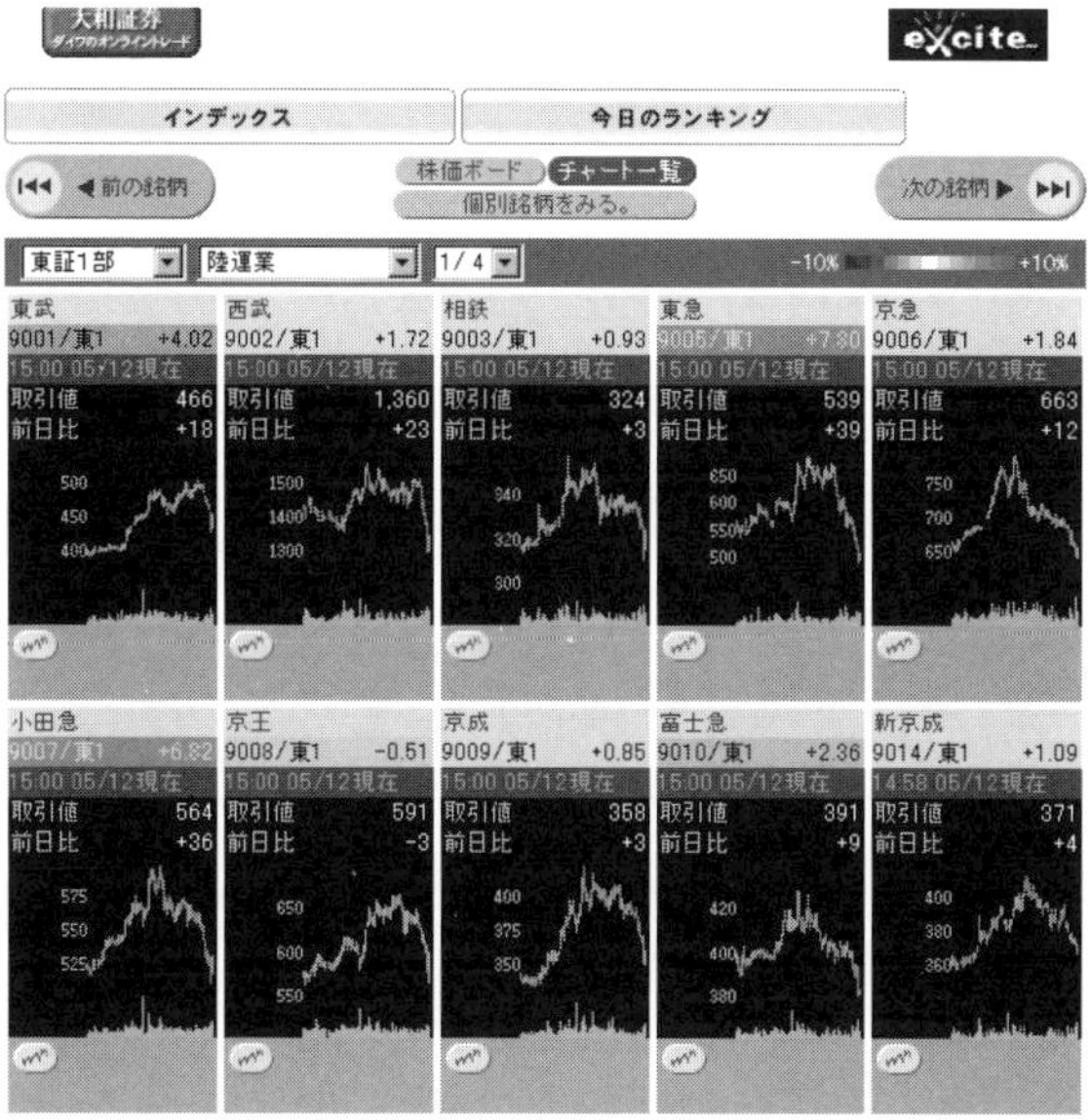

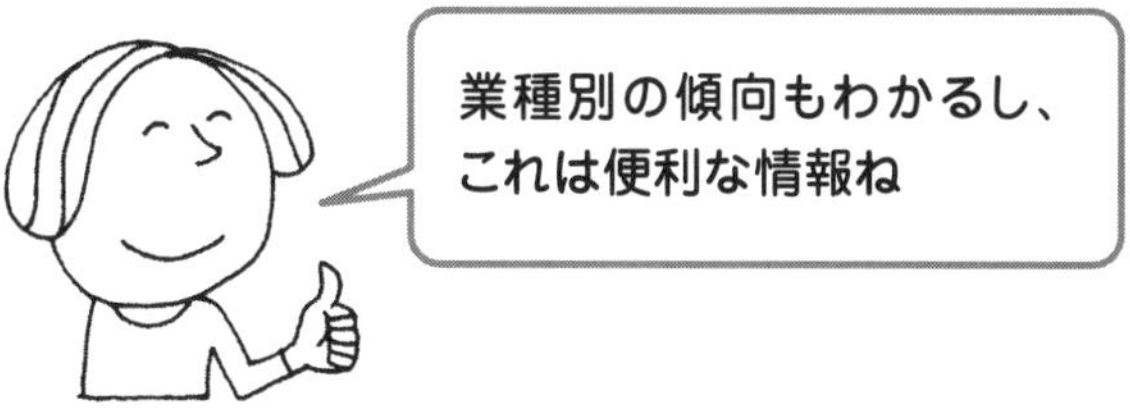

8 決算前に株主優待銘柄をチェックしよう

第3章で、配当のほかに、株主優待をゲットする方法を説明しました。簡単なことでしたね。株主優待のある銘柄を決算時に持っていればいいだけでした。

さて、決算時に持っていればいいとはいえ、株価が最も高い時期であれば、売ることが思うようにいかない場合もあります。それでは、いくつかの銘柄について、最近の決算時の状況を見ることにします。まず、1月決算の代表として、日本トイザらスとモロゾフのチャートを見てみましょう。

日本トイザらスは、テレビのCMでもよく見かける国内最大の玩具小売りチェーンです。デパートの玩具売り場で買うよりも割引率が高く、種類も豊富です。どちらかというと、駅前などの交通の便がよいところよりは、車でしかいけないような国道16号沿いなどにあります。しかし、いつ行っても駐車場がいっぱいで、困ってしまう人気の高い玩具店です。モロゾフは、神戸が本拠地で、チョコレートや洋菓子の老舗として有名です。どこのデパートにも必ずといっていいほど、モロゾフは入っています。

どちらの銘柄も**1月の決算期に株を保有していれば、それぞれの優待を受けられます。**

図59　決算前に株主優待銘柄をチェックしよう

日本トイザラス（7645）

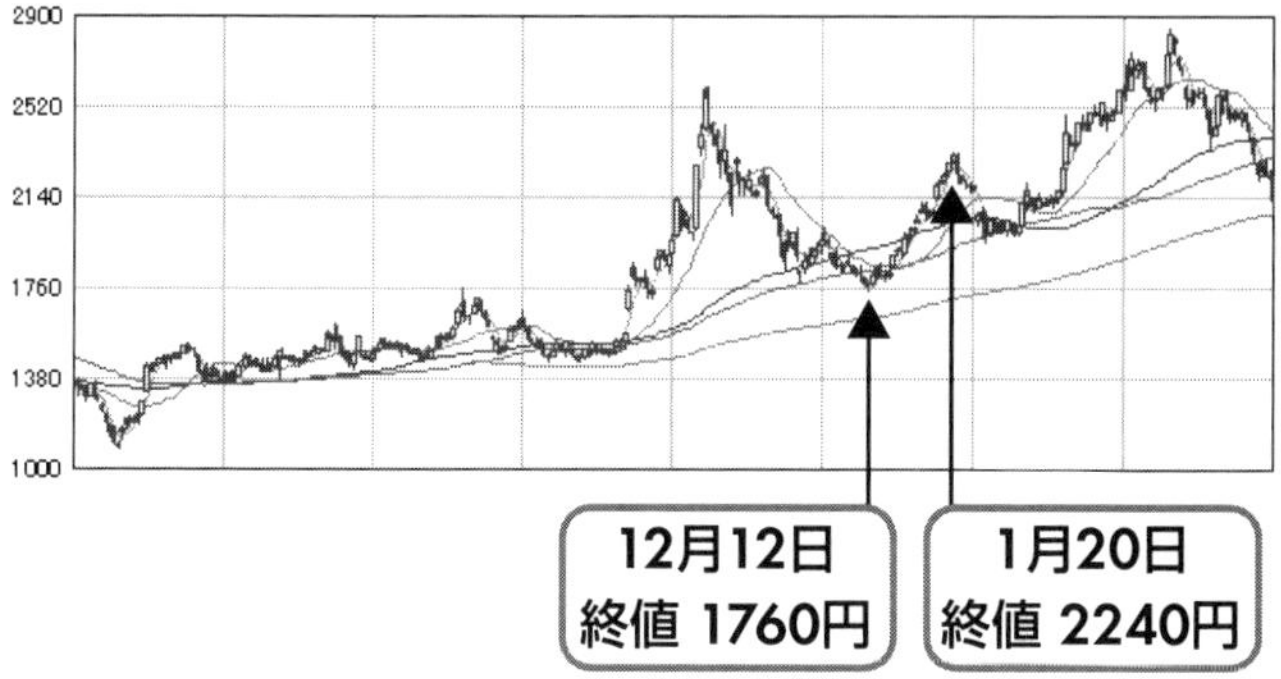
2900
2520
2140
1760
1380
1000
12月12日
終値 1760円
1月20日
終値 2240円

モロゾフ（2217）

230
218
206
194
182
170
12月15日
終値 199円
1月26日
終値 219円

二つのチャートを比べてみると、全体的なチャートの形は、異なりますが、**決算期の一カ月前に、最も株価が低く、決算期に向かって上昇し、その月にピークを迎え、下げに入っています**。このことは、同じ1月決算で、優待が受けられる、ダイドードリンコや東急百貨店などにも若干ずれはあるにしろ、ほぼ当てはまります。

しかし、東急百貨店を見るとわかるように、一応、底値とピークらしきものが、同時期にありますが、その後、何かのきっかけでさらに株価が急上昇しています。これは、決算の結果が影響しているものと考えられます。

もう一つ興味深いことがあります。株価チャートの下の出来高を示す棒グラフを見てください。決算後に、出来高が多くなっていることがわかります。つまり、決算前や決算期よりも決算後の方が、売買が盛んだということを示します。

売買が盛んで、出来高が多いと、株価の変動も大きくなりますから、短期勝負で儲けるには、この時期が最も適していると考えています。

まず、**決算前に株価をチェックし、安値であれば買い、決算期まで保有します。そして、その後、いったん株価が下がった時点で、再び買い注文をし、短期間で売ります。**

最近の東急百貨店のようなチャートでしたら、決算後の売買は、少なくとも二度は繰り返すことができるでしょう。配当金、優待、売買での儲け……利益のてんこ盛りです。

図60 株価チャートは決算前だけじゃなく決算後もチェックしよう

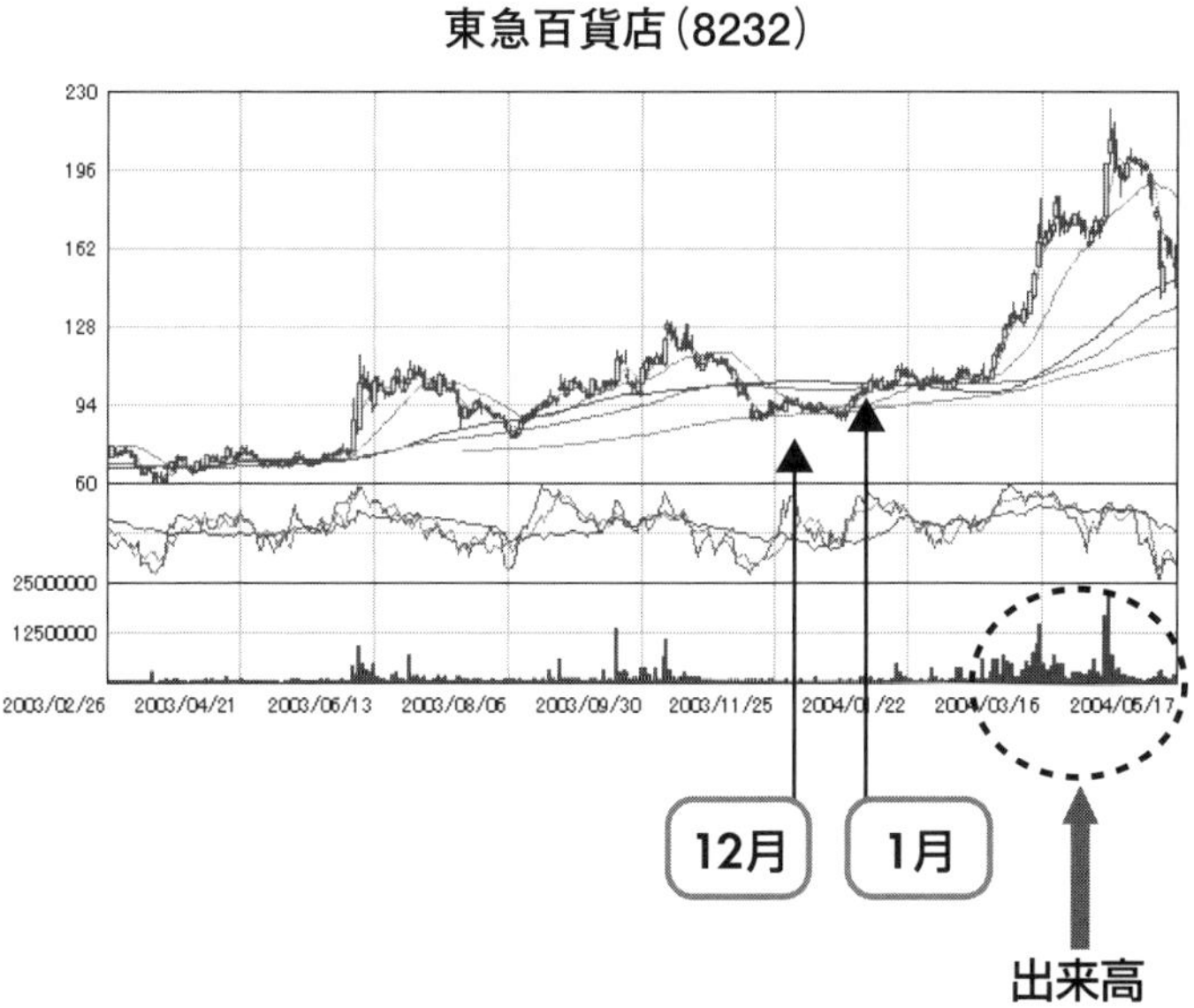

決算前だけじゃなく
決算後もチェックする
ことが大切ですね

出来高が多いということは、
売買が盛んだということを
意味します。
短期売買を繰り返して利益
を得るチャンスですね。

9

円高銘柄を把握しよう

円高銘柄とは、円高メリット銘柄と呼ばれる銘柄のことで、円高による、メリットがある銘柄、もっと単純にいってしまえば、円高によって、儲かってしまう企業の株ということです。

ただ、本当に、円高メリット銘柄はあるのでしょうか？　私が思うには、円高によって、良い影響、悪い影響は多少受けるかもしれませんが、円高、円安のたびに、倒れたり、持ち直したりするほど、企業はヤワではないと考えています。少々の円高や円安では、へこたれない輸出入業者も多いはずです。

企業自体は、しっかりしていても、株の世界では、やはり円高の影響は確かにあります。大幅なドル安・円高旋風がやってきた時、日本株市場は、大幅安となりました。また、ハイテク株や輸出関連株が大幅に下降していったのです。

その一方で、円高メリット株や内需関連といって、輸出入に関係しない企業の株は、上向き傾向となりました。たとえば、不動産や建設、陸運、その他電力やガスなどの銘柄で、この時期、私は建設関連の株で、かなりの儲けを出しました。

図61 円高でメリットを受ける銘柄は?

円高銘柄=円高メリット銘柄

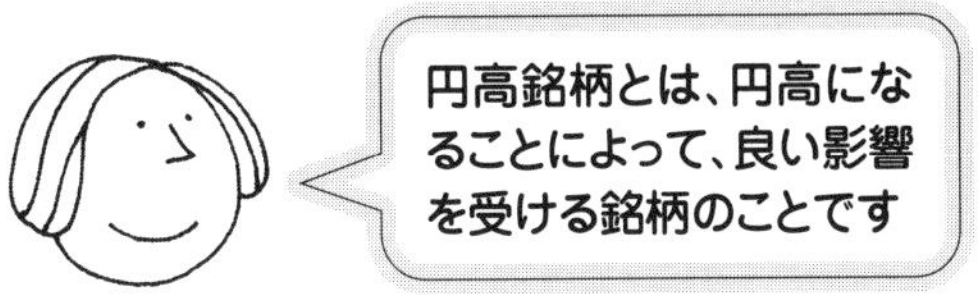
円高銘柄とは、円高になることによって、良い影響を受ける銘柄のことです

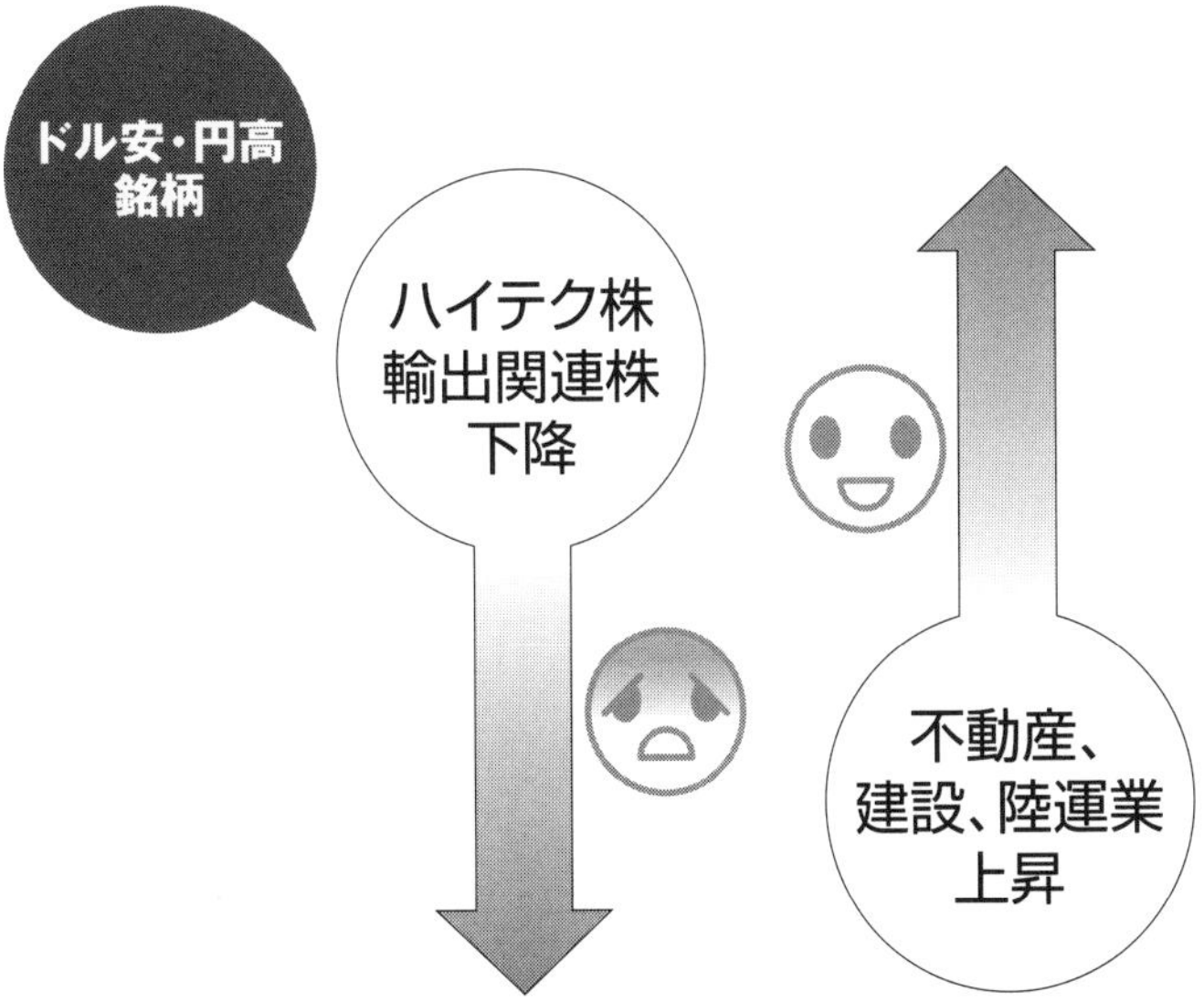
ドル安・円高
銘柄
ハイテク株
輸出関連株
下降
不動産、
建設、陸運業
上昇

日本の企業は、ヤワではないといっておきながら、円高、円安で影響を受ける企業や影響を受けない企業を知っておいたほうがいいというのは、矛盾するところもあるかもしれません。ただし、実際に、目に見える企業への影響より株価への影響は一目瞭然です。

私達、個人投資家は、各業種、業界の性質をしっかり把握しておいたほうが、自分にプラスになります。また、アメリカの動向は、日本の株式にもかなり影響しますので、株取引をするうえで、アメリカ市場を無視することはできません。また、為替相場の変動は、株式投資にも影響します。

私のように、家の中にいて、スーパーと公園と家の行き来で一日が終わってしまう主婦には、為替だとか、アメリカの動向などは、あまり身近なものに感じられませんが、やはり常識的なことは身につけておくべきだと思っています。たとえば、「なぜ、円高、ドル安なのか」などについては理解しておくとよいでしょう。

そして、このドル安・円高でメリットを受ける企業は、輸入に関わっている企業です。反対にドル高・円安でメリットを受ける企業は、輸出産業、グローバル経営の企業です。両方の要素を持つ業界もあり、鉄工業や輸出入で取引を行っている総合商社がそうです。

今回は、少しむずかしい話になってしまいましたが、これも一歩進んだ投資家になるための修業だと思ってくださいね。

図62 為替やアメリカの動向をチェックしよう

日本
アメリカ
アメリカの動向を知ることは、日本の株式市場を把握できることでもあるのです
円とドルの関係や影響を受ける企業について勉強してステップアップしよう

10

外国人投資家は、すごいのだ！

日本の株式市場に、外国人が！　と驚く人は、今の世の中少ないでしょう。しかし、外国人投資家が、東京、大阪、名古屋の三証券取引所で、委託売買代金に占める割合が、50％を超えていることに驚く人は多いはずです。

そもそも外国人投資家というのは、金融機関や年金基金、投資信託など欧米を中心とした外国の機関投資家や個人投資家のことを指しています。日本の株式相場に与える影響は大きなもので、１万円を切っていた日経平均株価を１万円台に復活させたのは、外国人投資家が買い姿勢をふるわせているからです。

外国人投資家は、日本の国際優良企業の持ち株比率を高めていて、株価急騰の背景には、外国人が日本株に資金を振り分け、市場全体に安心感が広がっているからなのです。どうして、日本株に投資するかというと、欧米の株と比べ割安感があるからです。また、日本の景気回復と企業の収益向上を評価しているのも事実です。

外国人投資家の評価がよくなっているにもかかわらず、日本の銀行は、持ち合っていた日本企業の株を売却しているのは、おもしろい話です。

図63 外国人投資家はすごいのだ!

証券会社やニフティ、EXCITEなどのプロバイダーの株の情報サービスに、外国人買い越し額を表したものがあります。この買い越しが多いと株価は上昇傾向にあることが多いようです。**何を買おうかと目をつけた銘柄の情報を収集している際に、この外国人買い越しの情報を利用します。**

財務省のデータによると、過去最大だった外国人買い越し額は、約9兆9700億円で、それが、2003年には、過去を上回る14兆円規模だと報告されています。それだけ、日本の景気は上向きで、外国人投資家には評価されているということです。

外国人投資家が日本に対して、どれだけ評価が高いかという点について、もう少し説明していきましょう。株価チャートの下に、出来高の棒グラフがあるでしょう。私は、時に、出来高が少なすぎて、売るに売れない時や、たくさん買いたいのに、一部しか約定しないことがあって、かなり頭が痛い思い出があります。

東京証券取引所第1部の出来高が40日以上も連続で10億株を超えて最長記録を更新していて、活発な状況であるといえます。このすばらしい記録は、なんと頭を悩ます、私のような個人投資家と外国人投資家のおかげらしいのです。特に、相場の原動力になっているのは、外国人投資家といわれています。

私もすごい外国人投資家に負けないようがんばりたいものです。

図64　外国人買い越し額に注意しよう！

東京証券取引所第1部の出来高が40日以上も連続で、10億株を超えているそうです。これも外国人投資家と私達個人投資家のがんばりなのです
ハーイ わたしも がんばってま～す

第 5 章

株で成功するための売買法則10

1 買ってもよい株、買わないほうがよい株

銘柄を選んだら、次はその銘柄を買わなければ、取引は始まりません。儲かるか、儲からないかは、銘柄選びの段階では、絵に描いた餅で、売買できて、初めて食べられる餅となるのです。

人によって、『買ってよい株』と『買わないほうがよい株』の意見が違うと思います。株は、上がれば下がるし、下がれば上がるものですから、下がった時に買って、上がった時に売れればいいので、特にどれがいいということはありません。

私が行っている短期売買の場合は、株価チャートが、過去と比較して上がっているのか、下がっているのか、ここ一週間の株価の変動はどうなのか、昨日はどうだったのか、というようなことだけしか興味がありません。だから、**下がった株価のものは、なんでも『買ってよい株』になってしまう**のです。私の場合は、最低売買単位の何倍かの買い付けをしたいので、**自己資金の都合で、最低売買単位しか買うことができない銘柄は、『買ってよい株』には入りません。**ここで、買ってよい株からは、少し話がそれますが、なぜ、最低売買単位では買いたくないかを説明しておきましょう。

図65 買ってもよい株、買わないほうがよい株

チャートが下がっていればなんでも『買ってよい株』になっちゃうの
自己資金で、最低売買単位しか買えないものは、『買ってよい株』に入らないの
これが山本流の買ってよい株、買わないほうがよい株の見極め方

たとえば、売買単位が1000株のA銘柄があったとします。10円上がって売ると、1万円の儲けです。当たり前のことですが、同銘柄を5000株買っていたら、10円上がった時には、5万円の儲けです。時間が同じで、ただ株数を何倍かにするだけで、儲けも何倍にもなるのです。もちろん、リスクについても同じことがいえますから気をつけなければいけないところです。

話を元に戻しましょう。買ってよい株とは、企業の業績の良し悪し、規模などを通常考慮に入れますが、私の場合は、そのことは、大した評価に値しないということです。『買ってよい株』のもう一つの条件は、**できるだけ出来高が多い状態の株です**。時期によっては、出来高が少なすぎて、買ってよい株が、買わないほうがよい株に変わる場合もあります。出来高が少ないということは、自分が買いたくても売ってくれる人が少なく、売りたくても買ってくれる人が少ないともとれ、思い通りの売買がしにくいことを意味するからです。**『買わないほうがよい株』には、事件銘柄があります**。業績悪化というようなことではなく、突如降って湧くような事件的に悪いニュースがあったものについては、注意してください。倒産という最悪な結末もありますので、手を出さないほうが無難でしょう。ご存じのように、株は、買ったときより高く売ることで、利益が得られます。もちろんのこと、買った値段と売った値段の差が大きければ大きいほど、儲けも大きいのです。

図66　最低売買単位の2倍以上買える銘柄を選ぼう

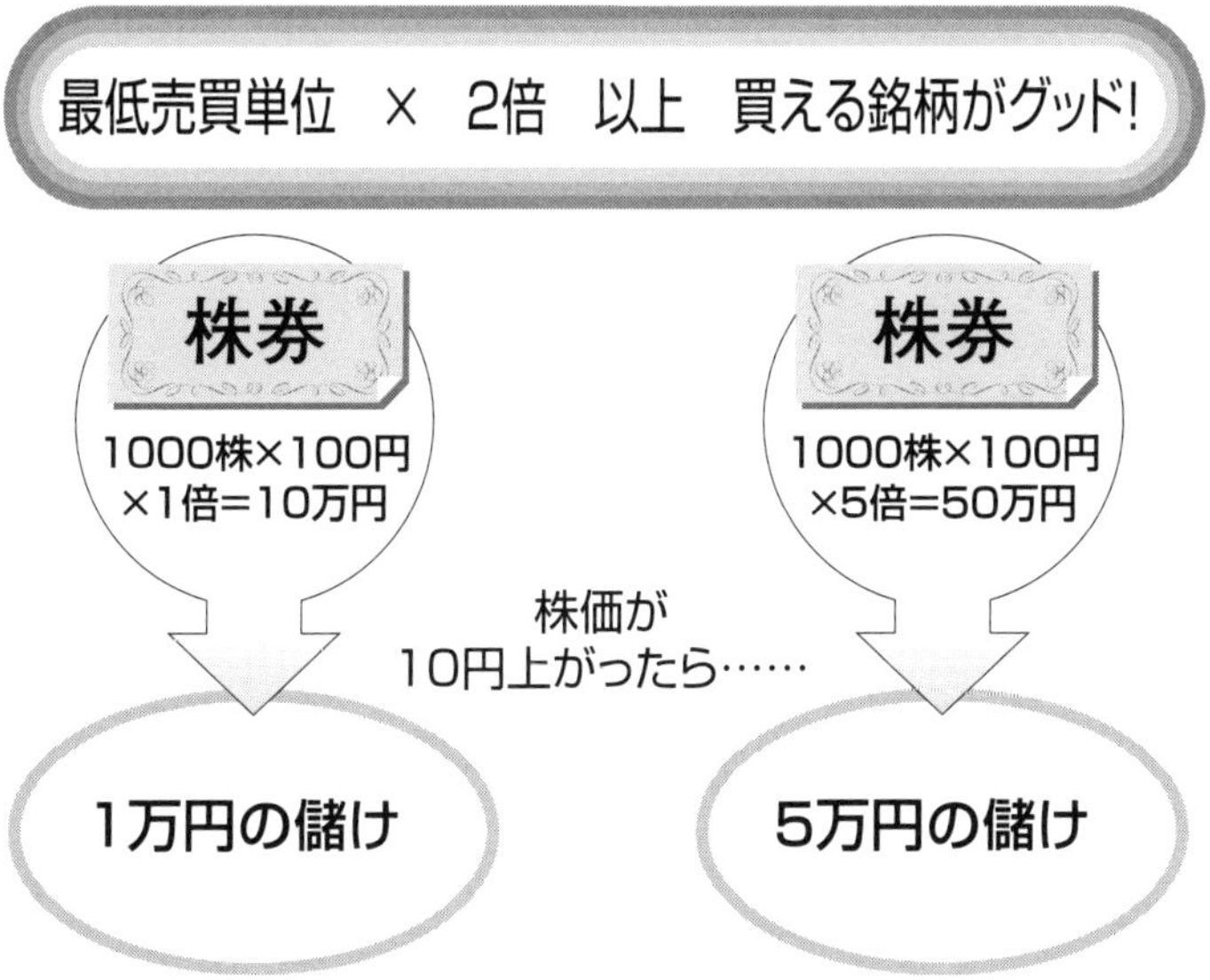
最低売買単位　×　2倍　以上　買える銘柄がグッド!
株券
1000株×100円
×1倍=10万円
株券
1000株×100円
×5倍=50万円
株価が
10円上がったら……
1万円の儲け
5万円の儲け

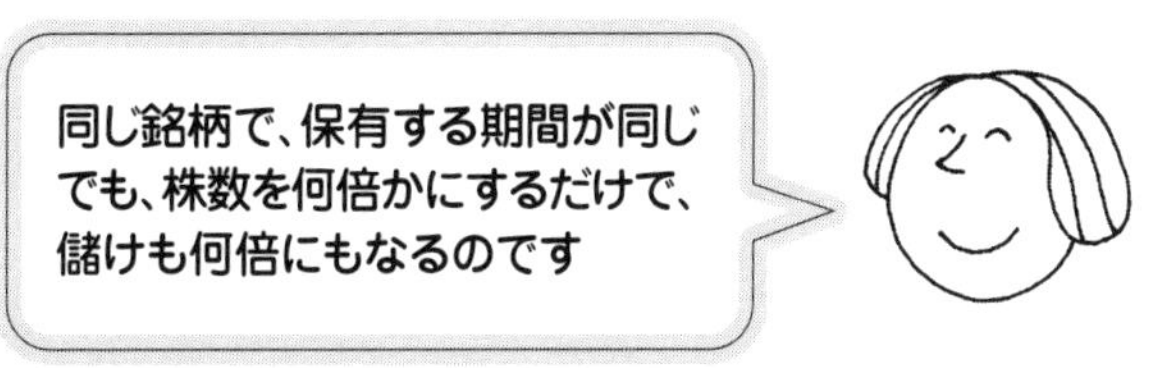
同じ銘柄で、保有する期間が同じでも、株数を何倍かにするだけで、儲けも何倍にもなるのです

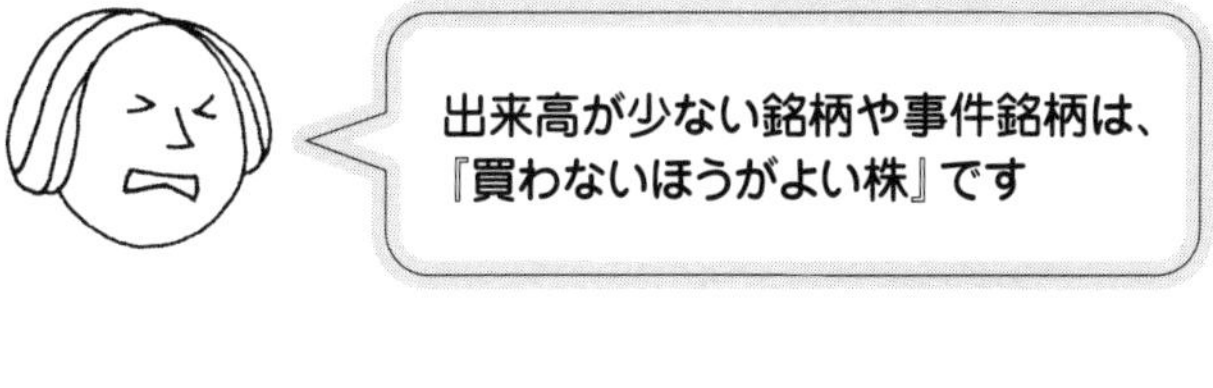
出来高が少ない銘柄や事件銘柄は、
『買わないほうがよい株』です

2 底値買い、天井売りは考えるな

次の**図67**を見てください。A子さんは、○×建設株を100円で1000株買い、一カ月後に150円で売りました。儲けは、買った値段と売った値段の差で、1株当たり50円の儲けですから、1000株で5万円の儲けとなります。

B子さんは、A子さんと同様の銘柄をやはり100円で買い、二カ月後に、300円で売りました。B子さんの儲けは、20万円になります。

B子さんとA子さんの儲けを比較すると四倍も違うので、B子さんのように、なるべく高い株価で売りたいと、みなさんも思うでしょう。

しかし、これはあくまでも結果論で、二カ月後にこんなに上がるとは、予想はできても断定はできないのです。もしかしたら、二カ月後には、買った値段より下がっているかもしれません（**図68参照**）。したがって、私としては、A子さんのように、**なるべく短期間で確実に利益を得る方法をおすすめします**。

さて、そこで、短期間といってもどのくらい短期間がいいのかということについてご説明しましょう。

図67　底値買い、天井売りは考えるな

A子さん	○×建設株　100円×1000株買い（10万円） 1カ月後　150円×1000株売り（15万円）

5万円
儲かりました！

B子さん	○×建設株　100円×1000株買い（10万円） 2カ月後　300円×1000株売り（30万円）

あら、
わたしなんか
20万円の儲けよ

B子さんは、もう1カ月待ったからA子さんの4倍も儲かった！　……と現実はそんなうまい話はないのです。

それは、ずばり！1日です。でも3日間ぐらいなら許容範囲。もうひと声。せめて1週間ぐらいまででケリをつけましょう、というマイルールを実行しています。えっ1日？と驚く方もいるでしょう。まるで、デイトレーダーのようですけど、ちょっと違うのです。

デイトレーダーの方は、取引時間ができる朝九時から午後三時まで、ずっとパソコンの前に座って、買っては売り、買っては売り……とリレーマラソンのようなことをしていると思います。私は、主婦ですので、家事や育児、お買い物に幼稚園のお迎え、それから近所のママさん達とお茶もしなければならないのです。ずっとパソコンに張り付いている時間はありませんから、朝九時からの四十分間を私は、1日と呼んでいます。

たった四十分間でも、運よく一銘柄で、100万円近くを儲けたこともありますし、数銘柄の利益が合計で150万円になったこともあります。

ですから、私的1日（四十分間）もあまりばかにできたものではないのです。このように、1時間未満で数十万円は、1カ月に一度あればいいほうです。アルバイトで、1時間に1000円稼げたらいい方ですから、そんなに大きな期待はしないで、1万円でも5000円の儲けでもよしとしましょう。

ごくごく短期間で、**『10円でも上がったら売る』、という利益確保最優先が私のモットー、**このやり方で株で成功しているのは事実です。

図68　なるべく短期間で確実に利益を得よう

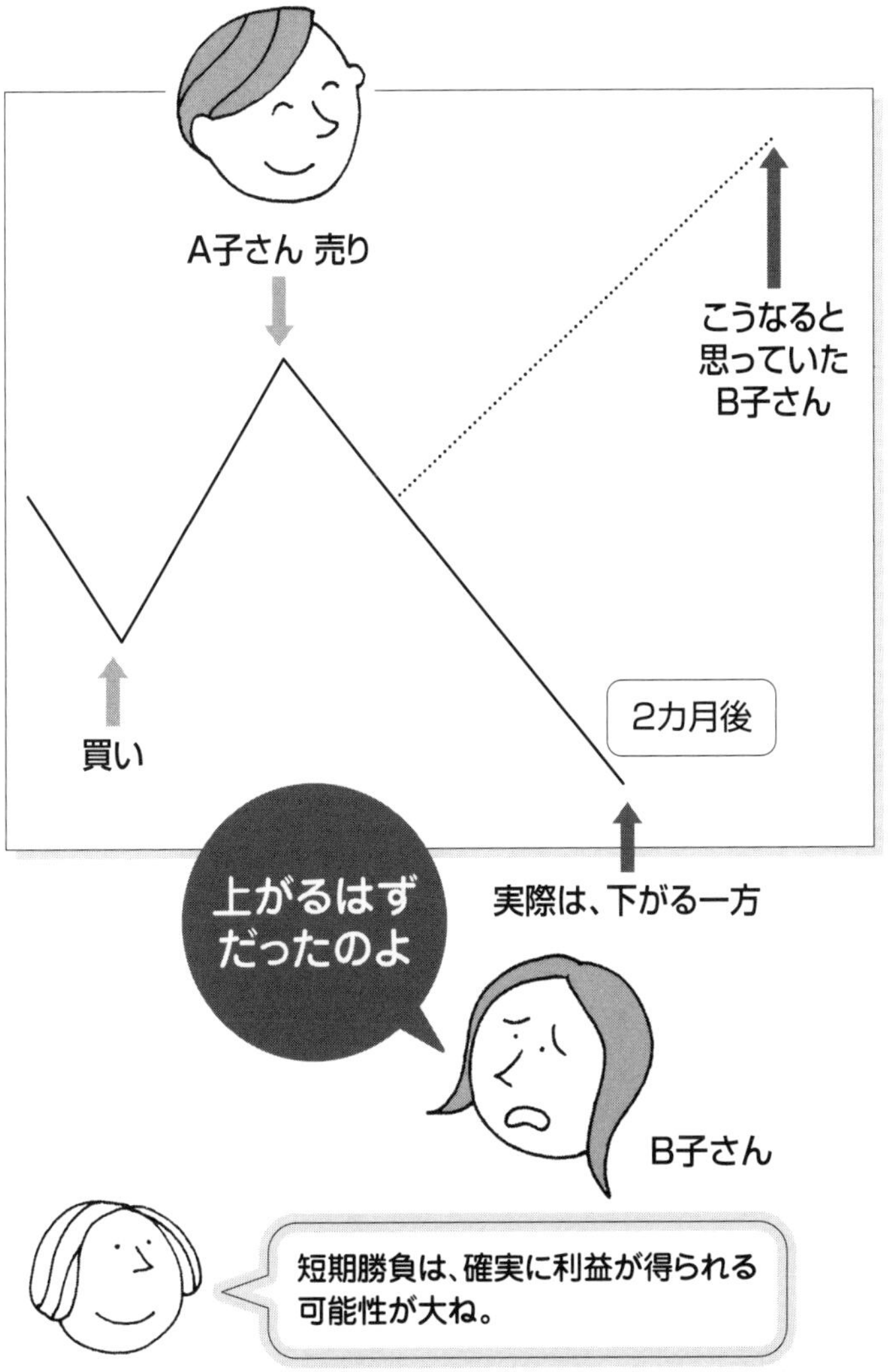
A子さん 売り
こうなると
思っていた
B子さん
2カ月後
買い
上がるはず
だったのよ
実際は、下がる一方
B子さん
短期勝負は、確実に利益が得られる
可能性が大ね。

3 トレンドに乗ろう！

トレンドラインを覚えていますか？　忘れてしまった人は、第2章9を見直してみましょう。**このトレンドラインを発見できれば、儲かったも同然！**　私は、そう思っています。

上昇トレンドは、**図69―イ**のように、底値（安値）は、時期が経つにつれて、高い値になっていきますから、底値で買って、高値付近で売り、いったん利益を確保します。さらに、次の底値付近で買い、高値付近で売るという作業を何度か繰り返すことが可能です。

図69―ロのようなマクロな目で見て、一直線に近い株価チャートにおいても、少し上がったら売って、利益を確保してからまた、買いと売りを繰り返すことはできます。しかし、直線に上がっているチャート上で、それを繰り返すことは、かなり勇気を必要とします。また、株価が天井になるまでに繰り返す売買を終わらせないと、大きなリスクを負うことにもなりますので、初心者にはおすすめできません。

さて、実際に上昇トレンドを見つけた場合には、どのように売買すればよいかを説明しましょう。

図ハは、**図イ**のチャートを分解したものです。ａでは、底値であった株価が上がってい

図69　トレンドに乗ろう！

図イ　上昇トレンド

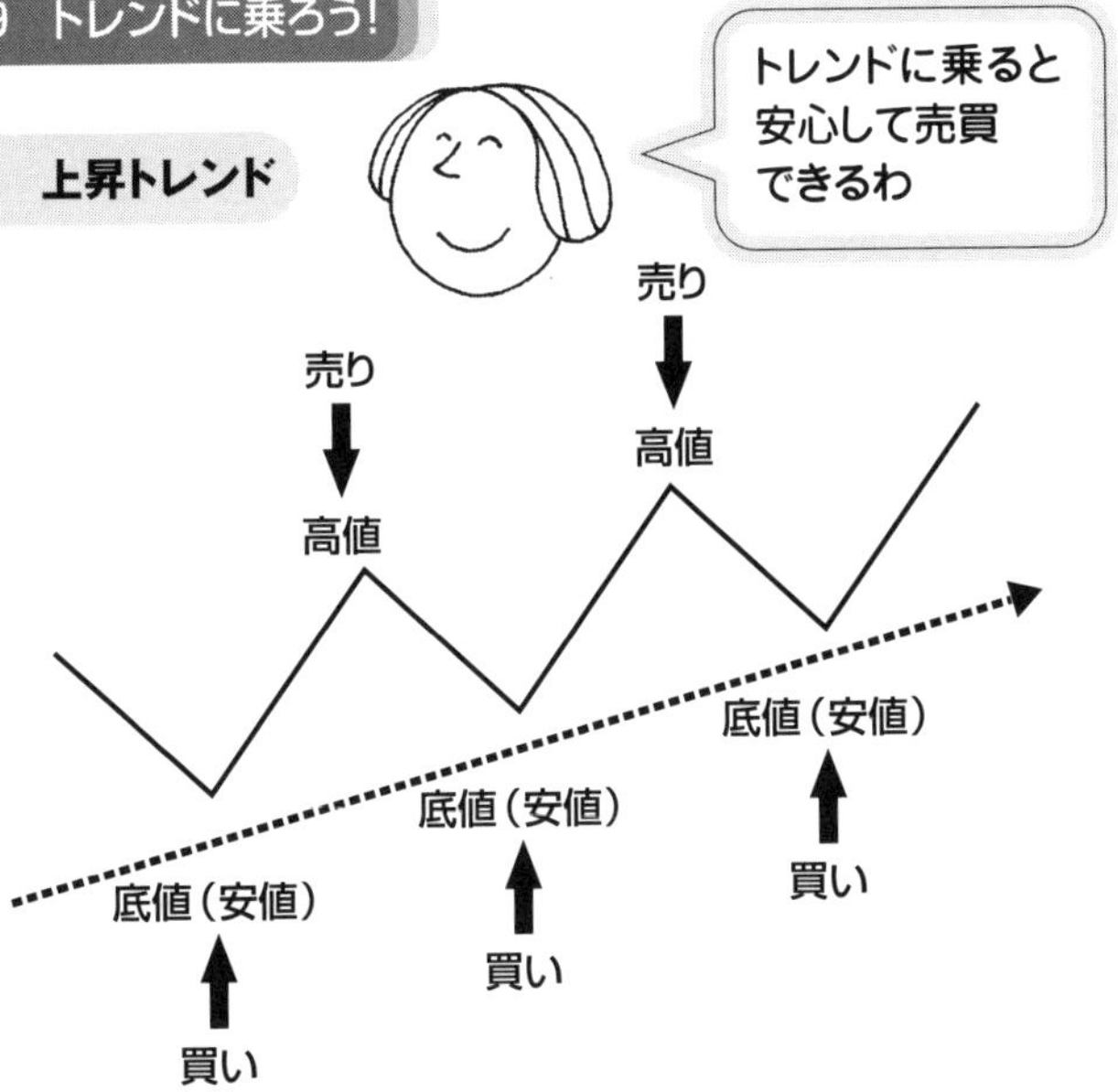
トレンドに乗ると
安心して売買
できるわ
売り
高値
売り
高値
底値（安値）
買い
底値（安値）
買い
底値（安値）
買い

図ロ　直線的に上昇

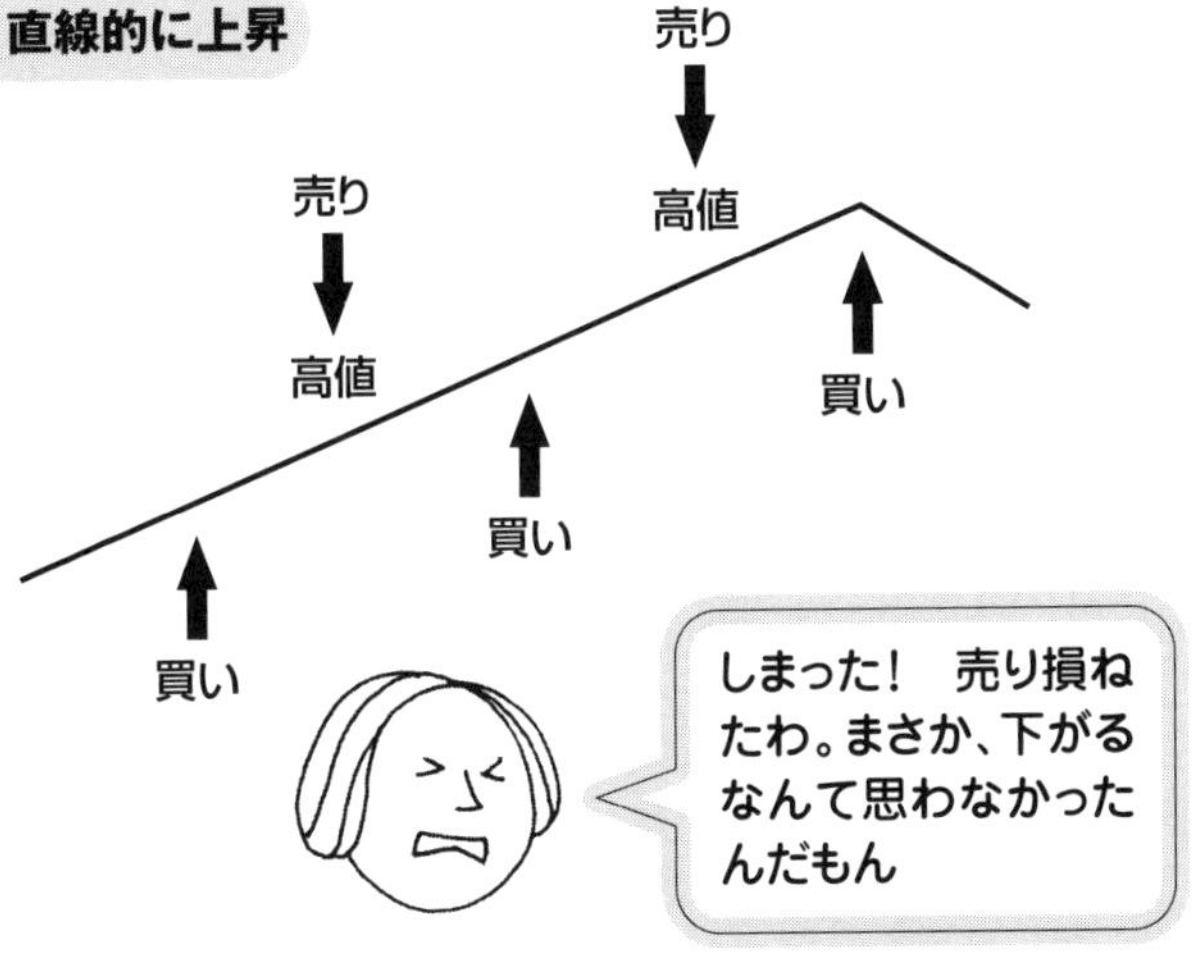
売り
高値
売り
高値
買い
買い
買い
しまった！　売り損ねたわ。まさか、下がるなんて思わなかったんだもんます。次に、bでは、上昇していた株価が高値をつけ、下がり始めています。aの底値で買って、bの高値で売ることができたら、もちろん利益になりますが、チャート中で、最初の上がり下がりの部分を見ただけで「上昇トレンドだ！」と断定できる人はいないでしょう。cで、下がった株価が底値をつけ、再び上昇していくのですが、1回目の底値と新しくできた底値を線で結ぶと、右上がりの直線になるはずです。これが、横ばい、または右下がりであれば、上昇トレンドとはいいません。

つまり、上昇トレンドの場合は、底値が1回目よりは2回目のほうが高い株価であり、2回目より3回目のほうが高い株価であることが条件なのです。

cの底値付近で株を買い、dの高値付近で売るのが理想ですが、いつ、どの株価が高値かということは、その日になってみないとわからないことです。あくまでも**買った株価より、少しでも利益が出る程度儲かったら売る、という堅実な姿勢を忘れてはいけません。**

上昇トレンドは、一生そのまま上昇し続けるものではないのです。前回の高値よりもっと株価が上昇すると思って、待ち続けていると、思っていたようには上昇せず、売りの機会を逃す場合があります。一度売りの機会を逃すと、なかなかチャンスが戻ってこないこともあるのです。「あれから何年になるかなあ」と大昔買った塩漬け株の株価を今日も見ながら、ずっと売れないでいる人もいるのです。

図70 トレンドに乗ろう！②

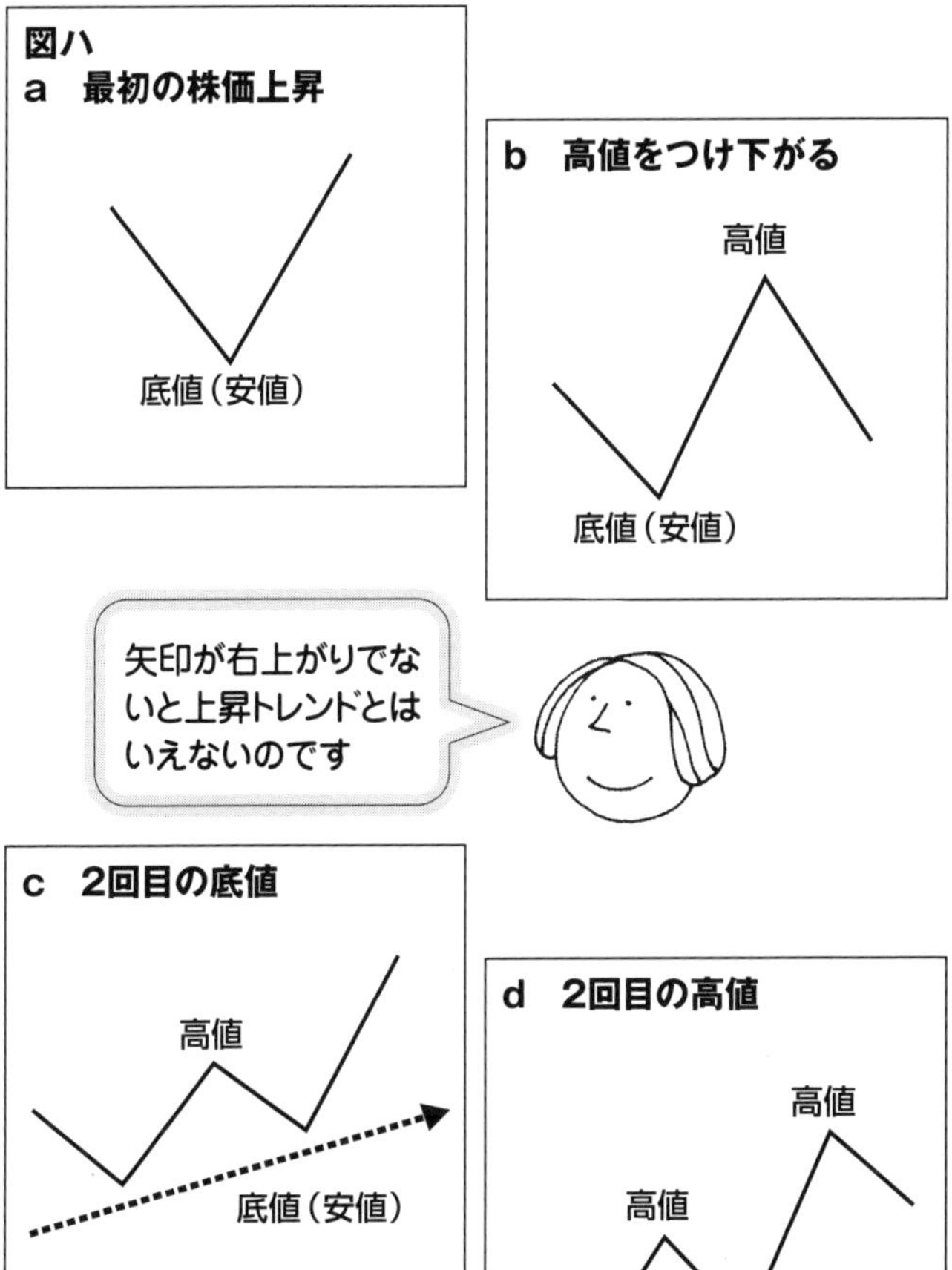
図ハ
a 最初の株価上昇
底値（安値）
b 高値をつけ下がる
高値
底値（安値）
矢印が右上がりでないと上昇トレンドとはいえないのです
c 2回目の底値
高値
底値（安値）
d 2回目の高値
高値
高値
底値（安値）

4 一つの銘柄は骨の髄までしゃぶり尽くせ

第4章の1で、述べたコンビニエンステーブルを覚えていますか?

この表中の銘柄は、「これはいい!」と思った銘柄を仲間に入れていくので、銘柄数は、年々増えていきます。けれども「この銘柄はもう旨味がない」と思ったら脱落者も出てくるわけです。できれば、四季の衣替えと同様に、年に4回ぐらいは、ざっと見直して、銘柄の衣替えも必要かと思います。その中には、春夏秋兼用の合い服もありますし、四季を通じて羽織るのに便利なカーデガンもありますので、コンビニエンステーブルの中身はすべてが変わるのではなく、追加あり、消去あり、変更なしあり、というわけです。

さて、コンビニエンステーブル中の銘柄には、さらにお気に入り銘柄というのがあります。総合電子部品大手の『京セラ』や半導体、液晶製造で国内首位の『東京エレクトロン』という銘柄がそうです。私の取引明細書には、1年間でこれらの銘柄が10回以上売買しているのが記されています。そして、すべての売買において、利益を得ています。

京セラは、2003年4月には、約5800円の株価でした。2004年の4月には、9000円を超している勢いのある銘柄です。また、東京エレクトロンは、2003年4

図71　1つの銘柄は骨の髄までしゃぶり尽くせ

チャート1　京セラ（6971）300日

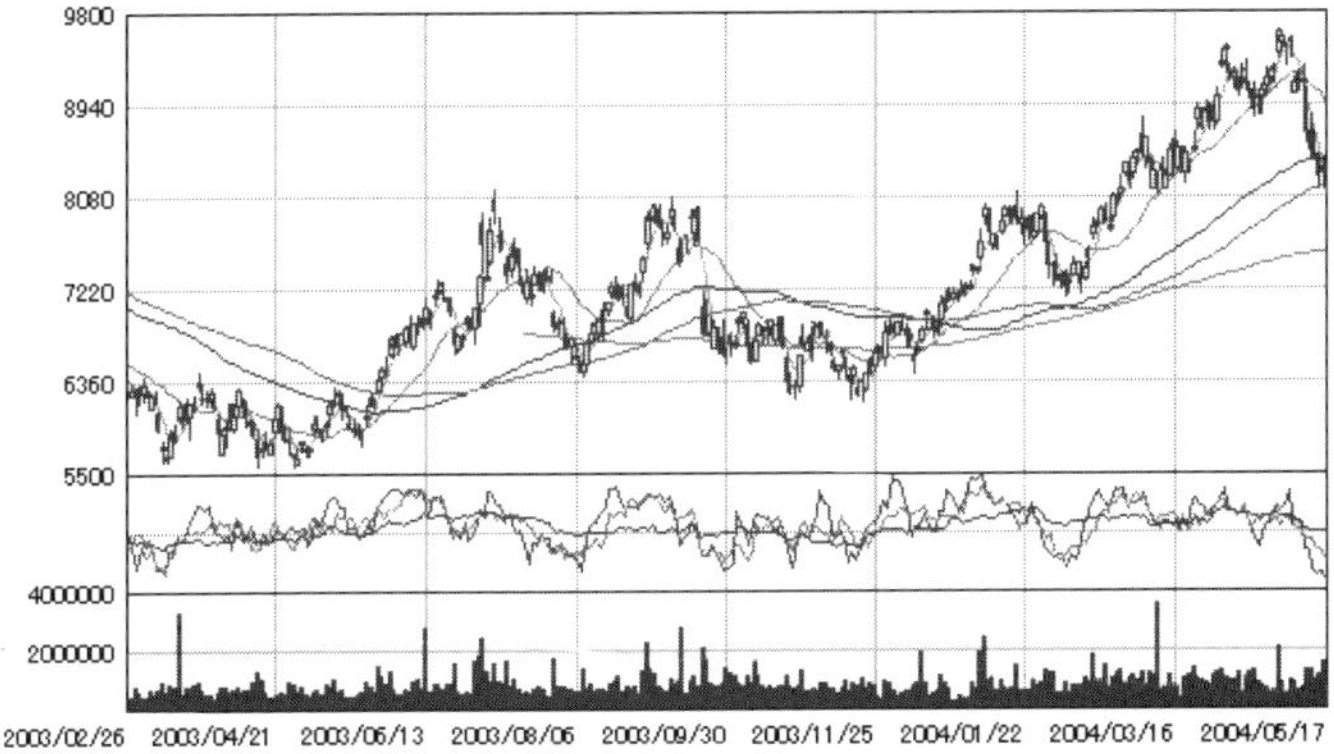

チャート2　東京エレクトロン（8035）300日

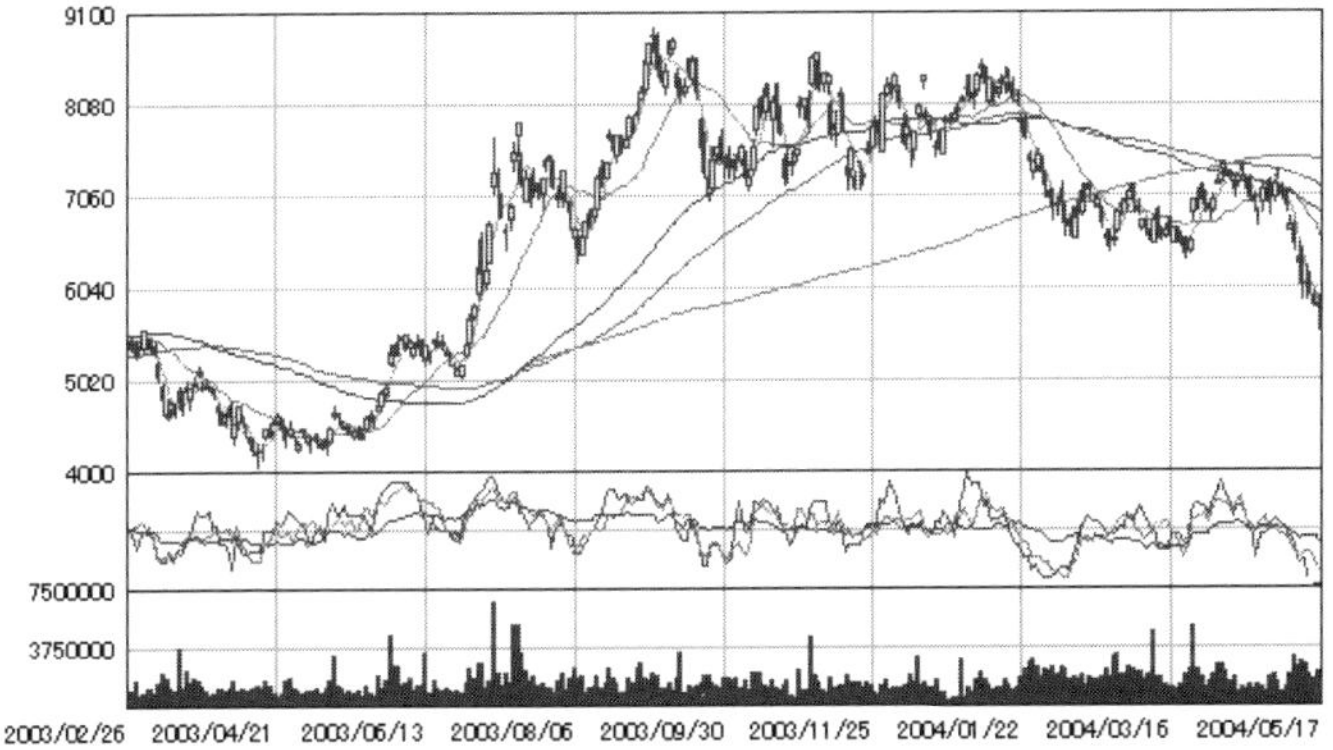

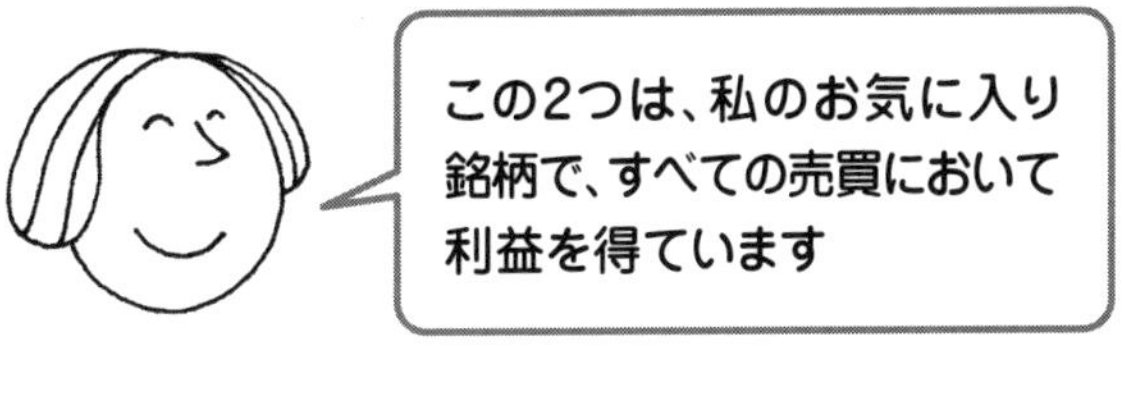

月に、約４５００円、１年後には、約７０００円ですが、その間に、９０００円近くまで株価が上昇したことのある銘柄です。

上昇中の優良銘柄だから、お気に入りなのかといわれると、実はそうではないのです。もちろん、株で利益を得るには、上昇中の株を買ったほうが、実情的にも精神的にもよいのは確かです。ただ、信用取引をしている私にとって、上昇中だろうか、下降中だろうかは、あまり関係のない話なのです。

一番の理由は、株価の上げ下げが大きいからです。チャート１とチャート２は、京セラと東京エレクトロンの過去３００日の株価を示したものです。これを見るとダイナミックな株価の動きがわかるでしょう。

次に、過去の株価90日を示したチャート3を見てください。

京セラは、２００4年2月上旬に底値、3月上旬に高値、いったん、3月中旬に底値まで下がり、4月上旬に高値、4月中旬に底値、4月末に高値……と続いています。多少の期間のずれがでてくるのは、しかたがありませんが、比較的、底値と高値の予測がつきやすいチャートだと思いませんか。未来のことは予測がつかないって？　そうですよね。でも一つの銘柄ばかりずっと見ているると動きが読めてくるんですよ。

一つの銘柄は、実を食べ尽くしたあとも骨の髄までしゃぶると本当の旨味がでてくるの

図72　1つの銘柄をじっと見ていると次の動きが予測できる

チャート3　京セラ（6971）90日

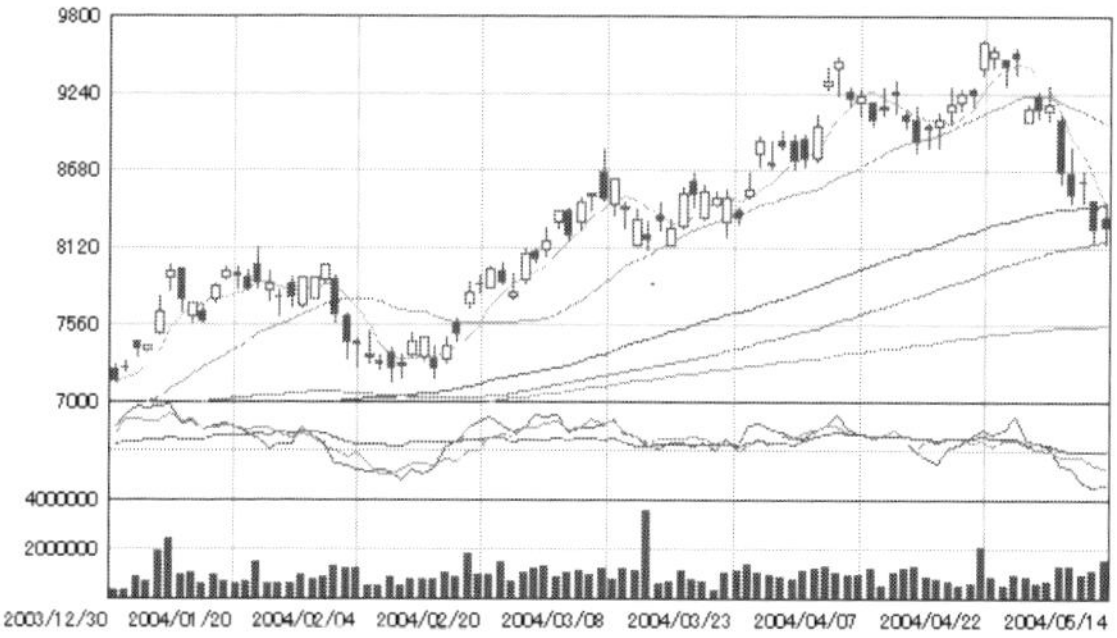
9800
9240
8680
8120
7560
7000
4000000
2000000
2003/12/30
2004/01/20
2004/02/04
2004/02/20
2004/03/08
2004/03/23
2004/04/07
2004/04/22
2004/05/14

大好きな彼のことばかり考えていると、次に何をするかまでわかっちゃうのと同じよ。1つの銘柄をじっと見て！いつ上がるか下がるかが予測できちゃうの。

です。ただ、実のまずいものは、ちょっとかぶりついて捨てることも大切です。何でもかんでもとっておくと、めったに開けない物置きみたいになってしまいますから。

5 時には必要！　ナンピンと損切り

第3章9で述べた『損切りは、得するためだと割り切ろう』（山本作）の損切りに加えて、『災難は、ナンとかしよう、ピン！　ときたら』（山本作）のナンピン買いというものがあります。ナンピンは、漢字で『難平』と書きます。株価の変動による損失を災難と考え、その損失を下落した株価でさらに買い足すことで、平均化することをいいます。

たとえば、こんな具合にです。800円の株を1000株買いました。ところが、なかなか株価が上がらないどころか、気づくと600円に。あと200円以上株価が上がるのを待つとなると、いつになることやら……。

こんな時に、600円で、もう1000株買ってしまうのです。すると、800円の株が1000株と600円の株、1000株を持つことになりますから、買値は、平均した700円となります。これなら、あと100円程度あがれば、プラスになるのですから、200円以上上がるのを待つより、早く売ることができますし、気持ちも安心ですね。

信用取引では、『売り』から入ることもあります。この場合は、株価が売った時より、上がれば上がるほど、『評価損』となります。ナンピン売りを利用して、損を減らすよう

図73　時には必要！　ナンピンと損切り①

どうにか、ここを切り抜けられますように
神さま～
お願いします！

『損切りは、得するためだと割り切ろう』

『災難は、ナンとかしよう、ピン！　ときたら』

にします。

ここで、みなさんに、質問します。先の例で、さらに、株価が400円まで下がったらどうしますか。答えは、二通りあります。一つは、もう1000株、400円で株を買ってしまうのです。平均すると、600円の株価になり、全部で3000株になります。このようなケースを**『ナンピンの買い下がり』**と呼んでいます。

もう一つは、損切りです。平均株価700円、2000株を400円で売るのですから、60万円の損失です。ただし、株価が600円になった時点で、損切りをすれば、20万円の損でおさまります。どちらにしても何十万という単位ですから、怖いと思われたでしょう。それなら、10円ぐらい下がったら、損切りしたほうがいいのでは、と考える人もいるかもしれません。10円なら、1000株で、1万円だけの損ですみますから。しかし、次の日は、30円上がっているかもしれません。

恐る恐る株取引をして、常に損切りばかり考えていると、常に儲け損ねてしまいます。株というものは、上がる株は、いずれ下がり、下がった株はまた上がるものなのです。そうでなければ、その株、つまりその企業は、倒産するということです。

損切りも時には必要ですが、**もうすぐこの下り坂を抜けるぞ、とピンときたら、ナンピンといきましょう**。チャートを見つめて、時には感と度胸で災難を乗り切りましょう。

図74　時には必要！　ナンピンと損切り②

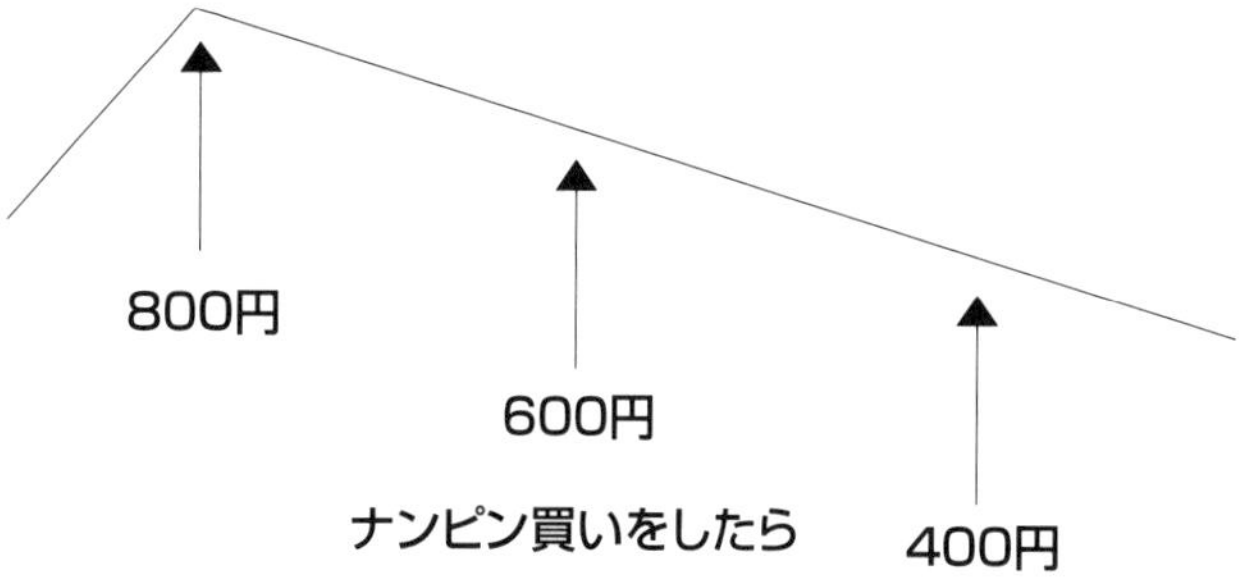
800円
600円
ナンピン買いをしたら
400円

800円　1000株

＋

600円　1000株

＝

平均株価　700円（2000株）

ナンピンするか、損切りするかそれが問題だ

⑥ 買い気配、売り気配を読もう！

この銘柄を買おう、と決めても、実際いくらで買ったらいいのか、迷ってしまうところです。底値がいつ、いくらかは誰にもわかりませんから、底値を示した次の日あるいは、翌日ぐらいに買うとしましょう。買う当日になって、いくらで買うかを決定するのは、何年か株取引を経験した私でも難しいものです。

買い方は、二通りありましたね。『成り行き注文』と『指し値注文』です。上がる見込みが高い場合、底値にごくごく近い場合は、成り行きでもかまいません。しかし、１日の間でも株価は上下します。『値幅制限（ねはばせいげん）』といって、株価の急速な変動を防ぐために、株価の幅が一定の範囲に制限されていますが、５００円から１０００未満の株は、上下１００円の変動はあります。

取引が成立することを『**約定**（やくじょう）』といいますが、約定後に「こんなに高い値段で買っていたなんて」と後悔することもあります。逆に、売りの場合もそうです。多少の利益の見込みがあったのに、約定後に「えっ、損している」なんてことにも。

できれば、**当日の朝ではなく、前日の晩にでもチャートを見ながら、計画を立ててほし**

図75 買い気配、売り気配を読もう！①

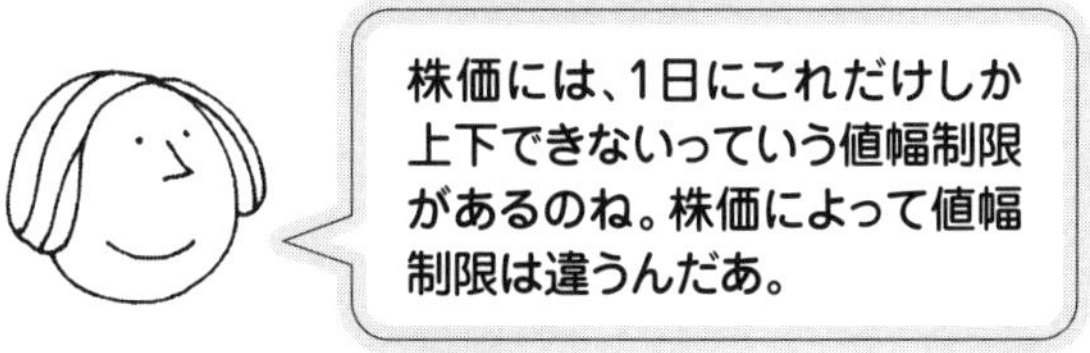
株価には、1日にこれだけしか
上下できないっていう値幅制限
があるのね。株価によって値幅
制限は違うんだあ。

ストップ高・安の値幅制限一覧

基準値段			制限値幅
	100円未満	上下	30円
100円以上	200円未満	上下	50円
200円以上	500円未満	上下	80円
500円以上	1,000円未満	上下	100円
1,000円以上	1,500円未満	上下	200円
1,500円以上	2,000円未満	上下	300円
2,000円以上	3,000円未満	上下	400円
3,000円以上	5,000円未満	上下	500円
5,000円以上	10,000円未満	上下	1,000円
⋮	⋮		⋮

当日にいきなり、
何の銘柄を買うか
決めようとしたら
パニックになっち
ゃったぁ！

いものです。○○円から△△円の間で買い、◇◇以上で売るという、アバウトな計画でいいですから。

当日は、**『板情報』**といって、**『買い気配』**、**『売り気配』**をチェックしましょう。この情報は、各銘柄が、どの価格帯にどれだけ注文が入っているかを示しています。各証券会社のサービス情報で見ることができ、リアルタイムで掲示されるところがほとんどです。

図76のように、現在注文が出ている株価と売り注文の株数、買い注文の株数が表示されます。いくらで注文すれば、約定しそうかということが、ある程度予測できます。

買い注文が成立すれば、現在値の株価は上がりますから、この表示は常に変動します。現在値で指し値注文すれば、ほとんど約定しますが、株価が上がると予測して、指し値注文します。これは、買い注文の数が、売り注文の数より多い場合にいえることで、売り注文が多ければ、株価は下がる傾向にあります。そんな時に、現在値より高い株価で注文を出しても約定はしないことが多いのです。

利益を確実に、計画的に得るためには、指し値注文をおすすめします。そして、板情報を判断材料として、前日から計画していた銘柄について、いくらで売買するかを決めましょう。けれども、**板情報は、指し値注文の情報だけですので、成り行き注文の情報は反映されていません**。買い注文が少なくて、本来、株価が下がると判断されるところですが、

図76 買い気配、売り気配を読もう!②

注文が出ている株価

買い注文の株数

売り注文の株数

売気配株数	気配値	買気配株数
2,000	1,643	
1,000	1,641	
4,000	1,640	
1,000	1,638	
6,000	1,636	
	1,634	1,000
	1,631	4,000
	1,630	6,000
	1,629	10,000
	1,627	3,000

現在値（現在の株価）

この情報は、リアルタイムで変わっていくのね。
指し値注文の値段を決めるのに役立つわ

大量の成り行き注文で次から次へと買われていく場合は、株価が上昇する可能性もあるのです。数秒で、買い気配、売り気配の情報が驚くほど変わってしまうこともあります。

7 平屋が一番、二階建てには気をつけよう

信用取引には、『**二階建て取引**』というものがあります。これは、通常より大きな利益を得ることができます。しかし、最もリスクの高い取引ともいわれています。思い切りのよい私でさえも二階建てだけは、やらないようにしています。

さんざん脅かしてしまいましたが、どんな取引なのかを説明していきましょう。

前の章で、信用取引には、委託保証金、つまり担保が必要で、それは、株券（有価証券）でも代用ができるということを述べてきました。株券（ある銘柄の株）と同一の銘柄を『買い建て』て行う取引を二階建て取引と呼んでいます。**買い建てとは、信用取引で新規に買いの約定をすること**です。

もう一つ頭に入れておいてほしい言葉に、『**買(か)い建玉(たてぎょく)**』があります。信用取引では、株の買い付けを行った顧客は、証券会社から借りた買付資金を期限までに返済しなければならないのですが、**まだ返済されていない買付資金を買い建玉**といっています。

証券会社によっては、買い建玉と同一銘柄については、担保として認めていないこともあります。また、一定の条件に達すると新規買い建てを制限することもあるのです。

図77 平屋が一番、二階建てには気をつけよう

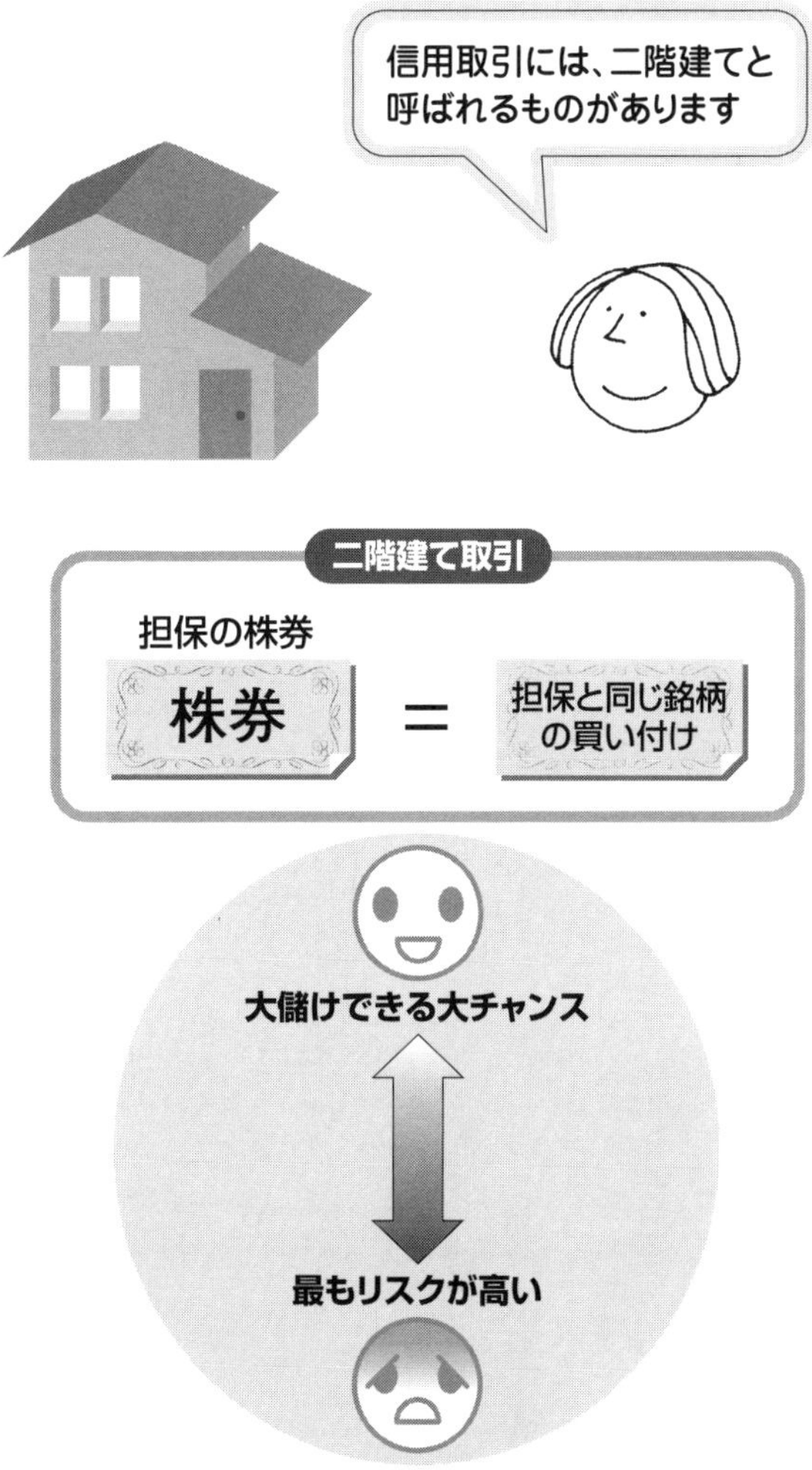
信用取引には、二階建てと
呼ばれるものがあります
二階建て取引
担保の株券
株券
＝
担保と同じ銘柄
の買い付け
大儲けできる大チャンス
最もリスクが高い

たとえば、現金１００万円と○×銘柄１５０万円分を担保としている場合は、○×銘柄は、新規購入不可能です。しかし、現金１００万円と○×銘柄50万円分を担保としている場合は、○×銘柄は購入可能になります。

二階建てを禁止するルールや一定のルールがあるのは、証券会社がみなさんに、大儲けをさせないために作ったものではなく、リスクを制限するためなのです。

二階建て取引をした銘柄の株価が値下がりしたらどうなるでしょうか。まず、担保としていた代用有価証券の評価額が減少します。次に、建玉の評価損が拡大します。すると、保証金維持率が悪化します。

前日までは、40％の維持率があったのに、突然に30％以下になってしまうことだってあるのです。すると、30％を下回った日の2営業後の正午までに追証、つまり、追加保証金を払い込まなければなりません。

二階建てをして、上がると思っていた株が上がらず、損をして、担保が目減りして、追証発生で損をするといったW損をしてしまうのです。

一戸建て住宅だって同じことですよね。多額の借金をして二階建てにするのだったら、平屋でいいじゃないですか。借金を返せなくなったり、地震でつぶれちゃうこともあるかも……。二階建てにはくれぐれも注意しましょう。信用取引では、少ない資金で多くのメ

図78　信用取引の二階建てには気をつけよう

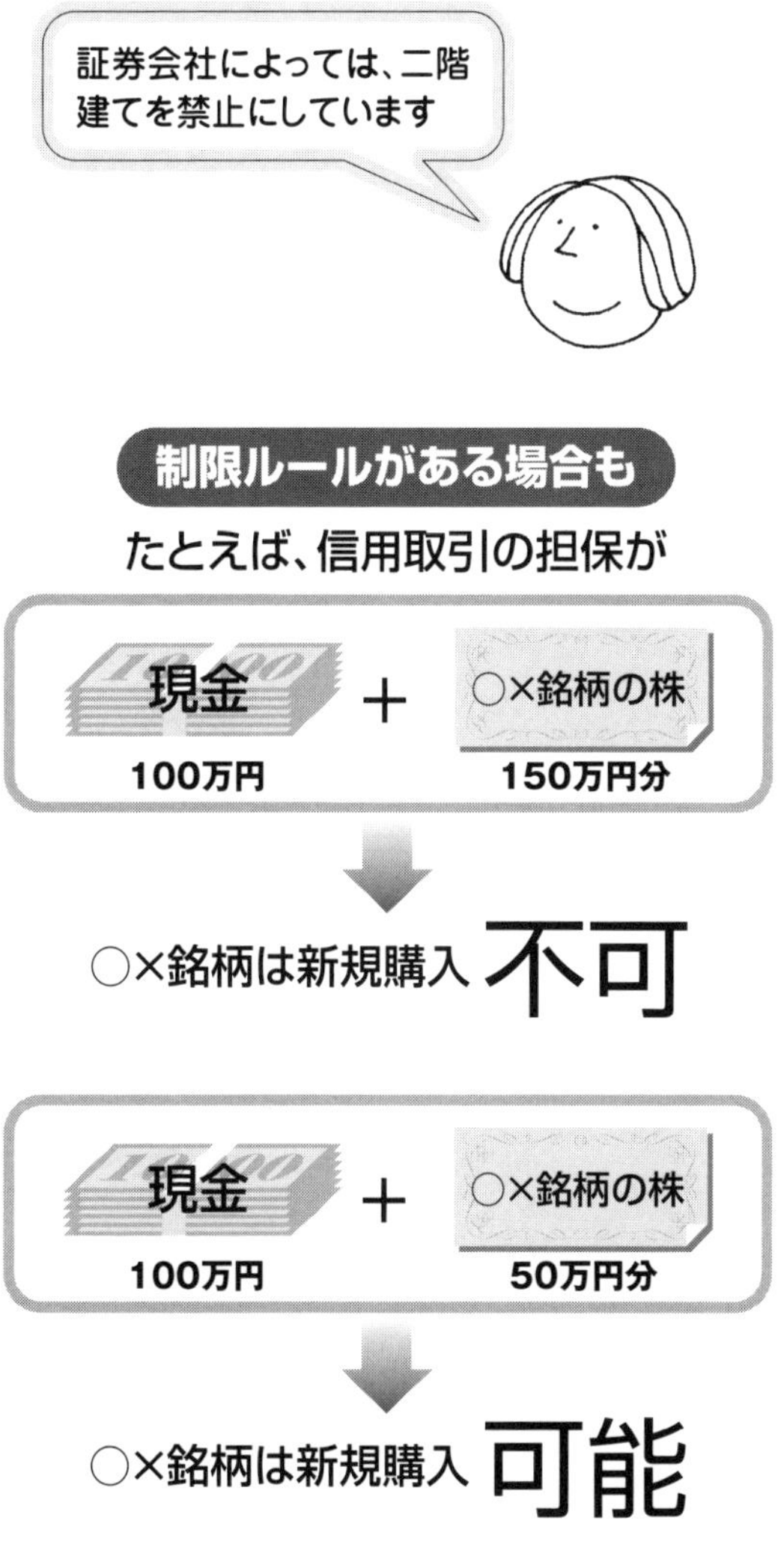
証券会社によっては、二階建てを禁止にしています
制限ルールがある場合も
たとえば、信用取引の担保が
現金
100万円
＋
○×銘柄の株
150万円分
○×銘柄は新規購入不可
現金
100万円
＋
○×銘柄の株
50万円分
○×銘柄は新規購入可能

リットがありますが、行き過ぎた売買は、ハイリスクもあることを忘れないでくださいね。

8 アバウトだけど節約精神を忘れるな

この本をここまで読んだ方は、すでにおわかりだとは思いますが、**株で勝つ秘訣は、薄利多売方式**だと考えています。つまり、10円上がっただけでも売ってしまい、一回の売買については、大きな利益はないかもしれませんが、**短期売買で回数を多くすることによって、利益を積み重ねていくこと**です。チリも積もれば山となる作戦とも呼べますが、本当に一回の売買取引（一つの銘柄を買って売る、またはその反対）で儲けがチリとは、いいませんが、1万円以下の場合もよくあります。そうかと思えば、一回の売買取引で、100万円近い利益を得ることも事実です。

売買委託手数料が自由化される以前は、売買代金100万円の株を買う時も、売る時にも手数料が1万1500円かかっていました。この金額に、消費税や税金もかかっていたので、500円で1000株買ったとすれば、最低でも520円にならないと、利益が出ませんでした。そうなると、10円上がれば売る、という作戦では、とうてい利益にはなりません。しかし、手数料が自由化されたため、手数料が1000円以下の証券会社が多くなり、薄利多売作戦は、大成功を収めてきました。ネックだった手数料の問題が解決して

図79 アバウトだけど節約精神を忘れるな

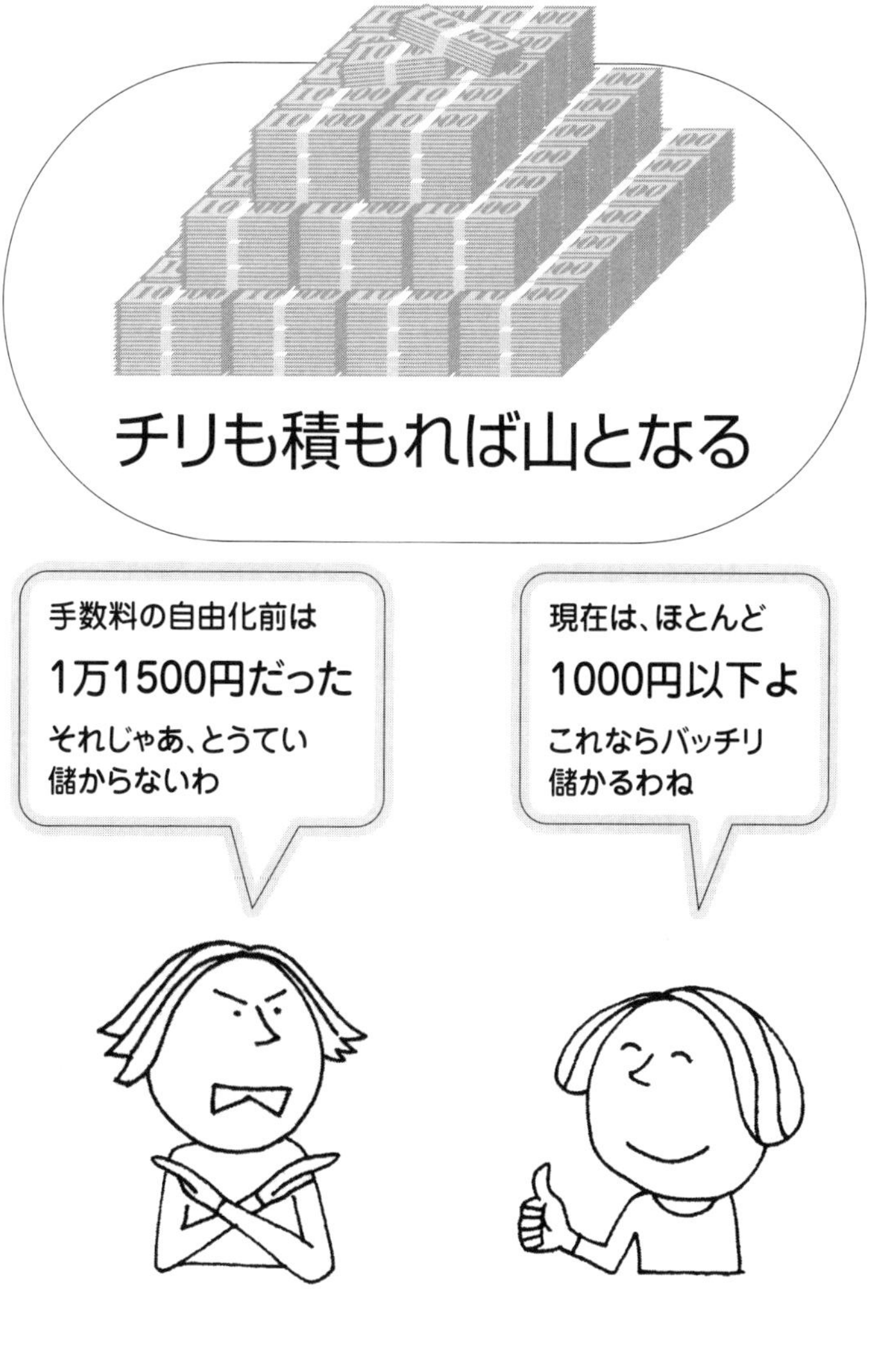
チリも積もれば山となる
手数料の自由化前は
1万1500円だった
それじゃあ、とうてい
儲からないわ
現在は、ほとんど
1000円以下よ
これならバッチリ
儲かるわね

いるとはいえ、多売、いえ多売買ですから、手数料は格安の証券会社を選んだほうがいいでしょう。

私が利用している証券会社の一つにイー・トレード証券があります。この証券会社は、現物取引では、７００円の手数料（約定代金50万円まで）が、信用取引になると５５０円になります。また、信用取引から現物取引への変更は、無料です。ただし、現物ですから、口座にその株を買うお金がなければなりません。

私がよく行うことですが、**現物で買いたい株があっても、最初は、信用で買い、その後、現物にする方法**です。この利点は、手数料が、最初から現物で買うよりも安いということが一点です。もう一つは、株の評価損を考慮に入れて、現金はなるべく担保に残しておきたいということです。また、信用なら、急に欲しいと思った銘柄を買う資金はありますが、最初から現物で買ってしまうことで、現金が足りなくなって、おいしい銘柄を逃してしまう恐れがあります。いつでも買い物ができるよう、現金はとっておきたいものです。

信用取引では、お金に対しては金利、株券に対しては、貸株料が発生します。買った銘柄の株価が、なかなか思うように上がらない時に、現物に替えて、それらの発生を極力少なくします。税金の計算は、証券会社任せで、かなりアバウトな取引をしているようですが、締めるところは締め、**常に節約精神を忘れない**ように心がけています。

図80　税金の計算は、証券会社にお任せしよう

そのかわり

手数料

金利

貸株料

節約できるところは、
きっちりと締めて
いきましょう

↓

信用取引で買う ➡ あとから　現物へ変更

最初から現物だと、手数料は700円、
信用から現物に変更すれば、550円で
すみます

150円儲かった!

1カ月に20銘柄買ったとしたら、150×20=3000円の儲け
1年間で、3万6000円の儲け!

9 時間がない人には、三つの売買方法がある

私のような主婦でさえ、家事や炊事や幼稚園の送り迎えや買い物で、ゆっくり株に取り組む時間はあまりありません。まして、サラリーマンやＯＬの方のように、決まった時間に出勤して、日中、何時間も会社に束縛されるみなさんは、なおさらのことでしょう。

そんな忙しいみなさんが、株取引で利益を得るには、三つの方法があります。

一つは、証券取引所の取引時間帯以外、たとえば、**前日の晩や早朝に買い（または売り）注文を出しておく**というやり方です。現在、注文だけなら24時間ＯＫという証券会社が多いので、銘柄を選んだ後、前日の株価やチャートを見て、翌日の株価を予測し、注文することができます。

ここで問題になるのが、指し値注文の場合です。いくらで注文したらよいかは、前日の終値と過去のチャートのデータから予測するしかありません。当日、自分が出した値段とかけ離れていて、約定しないこともありますが、それはそれで縁がなかったとさばさばした気持ちでいたほうがいいでしょう。欲しい銘柄に固執するあまり、成り行き注文をするのは、仕事から帰ってきてパソコン画面を見てびっくり仰天するほど高い株価で買ってし

図81 時間がない人には、3つの売買方法がある①

1
当日の取引時間帯以外に注文する方法
注文だけなら
24時間OKです
指し値は、
いくらにすれば
よいか、予想が
難しい
成り行き注文は、あまり
おすすめしません
時間に余裕があれば、朝一番の取引を
見てから注文できると、指し値がしやすい
ですよ

まっていることもありますので、あまりおすすめできません。

もう少し、朝に時間の余裕がある人だったら、とりあえず、**朝一番の取引が始まる九時から三十分間ぐらい様子を見て、板情報を参考に指し値注文する**ほうが望ましいでしょう。

二番目に、仕事の合間を見て、**携帯電話やノートパソコンで、ある程度の情報を参考にしながら注文する方法です**。この方法は、一番目の方法より、自分の希望価格で約定する可能性が高いと思います。しかし、仕事の合間で、五分や十分というのは、板情報を確認するだけでもあっという間に過ぎてしまうでしょう。結局、注文することができないこともしばしば。または、外回りの営業の人は、仕事どころではなくなり、公園のベンチで、数時間をやり過ごしてしまうかもしれません。

三番目の方法としては、**自動売買ソフトを使った注文**です。なかには、個人のパソコンで自動売買のプログラムを組んでいる人もいますが、確実性、安定性からカブ・ドットコム証券の自動売買ソフトがよいでしょう。口座を開設した人なら、無料で使用できます。

自動売買は、便利な機能が満載です。

「パソコンでは、メールしかやったことがないの」「ネット注文は苦手よ」という女性の話をよく聞きますが、そういう人には、とりかかりにくく、マスターするのに多少時間がかかるかもしれません。忙しい人は、自分の生活パターンと自分に合うかどうかを検討し

図82　時間がない人には、3つの売買方法がある②

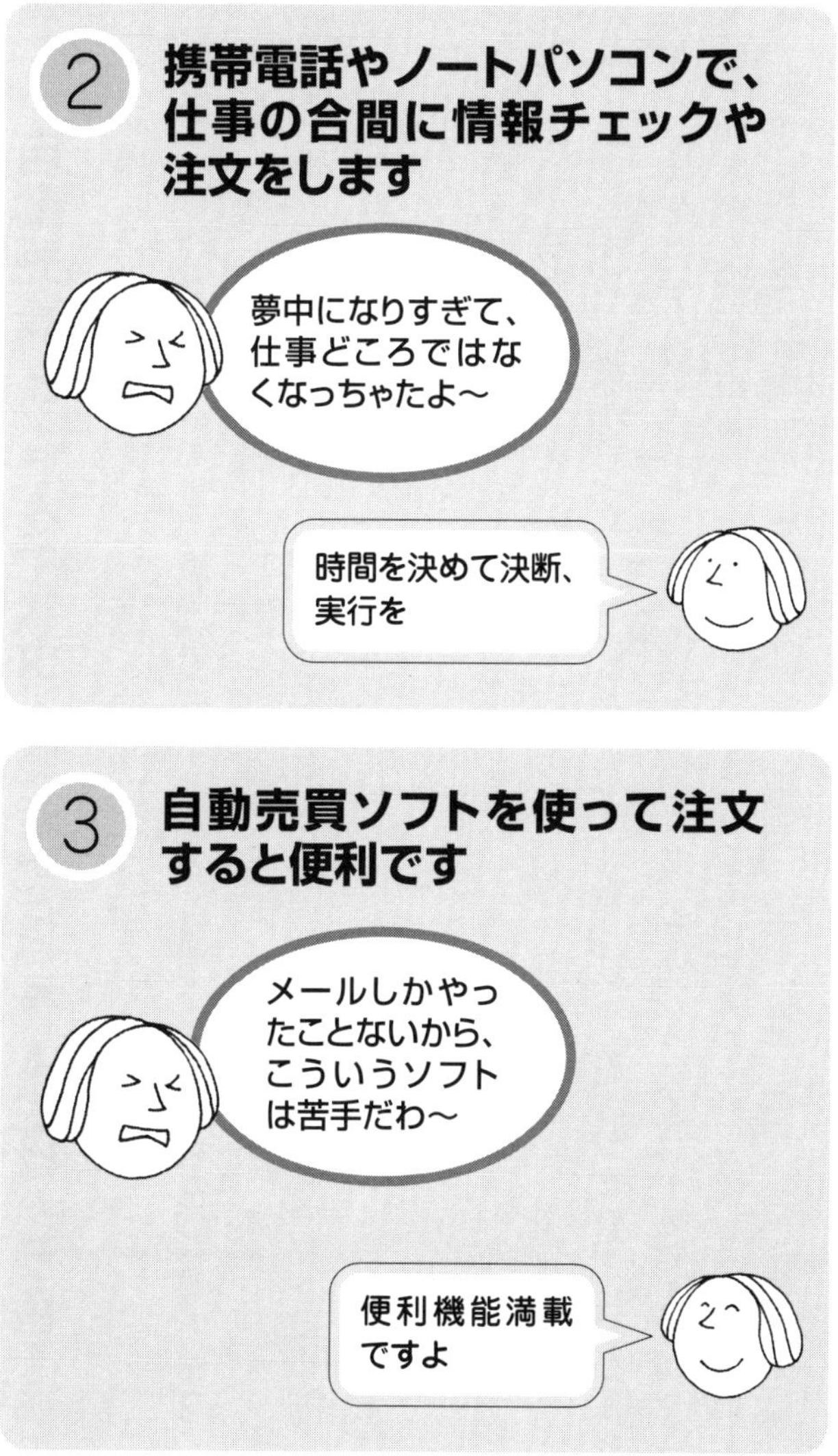
2
携帯電話やノートパソコンで、仕事の合間に情報チェックや注文をします
夢中になりすぎて、仕事どころではなくなっちゃたよ～
時間を決めて決断、実行を
3
自動売買ソフトを使って注文すると便利です
メールしかやったことないから、こういうソフトは苦手だわ～
便利機能満載ですよ

ながら売買の方法を考えていきましょう。

10 自動売買ソフトをマスターできたら、株人生はバラ色！

前項で、自動売買について述べましたので、もう少し説明を加えることにしましょう。一番のお気に入りは、『逆指し値』という注文方法が使えることです。通常行っている指し値とは、「いくらで買う」「いくらで売る」ということを指定して注文することです。逆指し値の場合は、「株価がいくら以上（または以下）になったら、いくらで指し値注文を出す」、といったことができるのです。

この操作を自動売買ソフトなしで、自分で行うには、取引時間中、年がら年中現在値を確認していなければなりませんから、忙しい人には、特に便利な機能といえるでしょう。

売り注文の時も、「株価がいくら以下になったら、成り行きで売る」という逆指し値注文ができます。これは、儲けがマイナスになった時に、大損をする前に売ることができるので、リスクの少ない損切りが実現できます。これなら、リアルタイムで板情報を確認してなくても大丈夫ですね。

リアルタイムの情報を見ながら、注文をしようとすると、自分の感情が入ってしまい、せっかく、少ない額の損で、損切りできたものが、「もしかしたらまた持ち直すかも」と、

図83 「逆指し値」って何?

逆指し値?
通常の指し値注文
○○円で
買います
自動売買での指し値 注文方法
株価が○○円
以上になったら
△△円で注文
しますね
リアルタイムの情報を見ながら 自分で指し値をすると…
感情移入したら
ダメ
また持ち直すかしら…
う~ん、売れないわねえ

よけい損を広げてしまう可能性もあります。その点、自動売買は、自分が冷静時に設定したとおりに、事務的に対処してくれますから、感情移入による損害は起こりません。

もう一つ、絶賛している機能が**『Ｗ（ダブル）指し値』**という注文です。指し値注文は、いくらで注文するかだけですが、名前のとおり、もう一回、指し値の条件がつけられるのです。以前は、私もＷ指し値を手動でよくやっていました。

たとえば、ある銘柄について、９００円で指し値注文したとします。この値段を決めた理由は、現在値が９２０円で、これよりちょっと下だったら約定するかなという判断からです。しかし、株価は、思うように下がらず上昇。「あっ、しまった！　現在値で指し値しておくべきだった」と、いったん注文を訂正し、今度は９５０円で再び指し値注文し、やっとのことで約定。これが、私の手動Ｗ指し値注文です。

これを自動売買ソフトでは、**いったん指し値で注文し、いくら以上に株価が上がった時は、いくらで指し値注文するといったことが、同時にできてしまう**のです。これは、指し値だけでなく、**最初は指し値で注文をしておき、条件にそぐわない場合は、一番目の指し値は訂正され、次に成り行き注文に変更ということもできます**。

このソフトを利用することで、買い損ない、売り損ないを軽減できるのです。他にも**『リレー注文』**や**『Ｕターン注文』**など機能の宝庫で、これをすべて使いこなせたら、時間がない人でもラクに、確実な利益を得る可能性が増大です。まさに、株人生バラ色といっても過言ではないでしょう。

図84　自動売買ソフトをマスターできたら、株人生はバラ色!

リレー注文
W指し値
Uターン注文
逆指し値
自動売買ソフトは、
機能の宝庫
これをマスターしたら、
株人生バラ色よ

第 6 章

私のラクラク主婦生活 & 株投資生活

1

一日、四十分あれば取引できる

第5章まで読んで、「これなら私でもできそう！」と思われましたか？

それとも「本当にこれだけで儲けているの？」と不信感がちらほら見え隠れ、というところでしょうか？

そんなみなさんの疑問や不信を取り除いて、安心してもらうために、たいしたものではありませんが、私の生活の一部、いえ大部分をお見せしちゃいましょう。

私は、自分でいうのもなんですが、早起きだけは自慢できます。

もちろん目覚まし時計などほとんど使いません。たまに、主人の出張で、ぜったいに早く起きなければならない時に目覚まし時計を使います。そうすると、目覚ましが鳴る一、二時間ぐらい前から、「本当に鳴るかしら」「もしかしたら、かけ忘れてないかしら」と、何度も時計を確認して結局、いつもより早く目を覚ますどころか、眠りが浅くて、寝不足になってしまうのです。

ですから、「寝坊してもどうってことない」と思って、目覚まし時計に頼らないと、よく眠れて、すっきりと自然に早起きできるというわけです。

株取引で成功するには、この早起きがとても大切なのです。

起きたら、「今日も良いことがありますように」と招き猫貯金箱に五百円玉を入れて、すぐさま**テレビのスイッチをオン**。朝食の準備やアイロンがけでテレビ画面が見られなくても、とにかくテレビはつけっぱなしにしておきます。

毎朝、たいてい五時頃に起きていますから、その日の最新ニュース、特にアメリカの株の動向を見ます。見る、といってもテレビの前を通った時や、まな板に向かって、ニュースを小耳にはさむ程度のことですが。

次に、**手があいたところで、パソコンを立ち上げます**。我が家のパソコンは、立ち上がると「ＭＳＮ　Ｊａｐａｎ」という天気予報からトップニュースまでわかるサイトが画面上に設定してあります。しかし、ここでいろいろなニュースを見るわけでもなく、視覚的に目立ったニュースのタイトルや写真、絵などが目に入るだけで、実際に気になって、詳細をマウスでクリックしてみるということもないのです。

そうこうしているうちに、主人や二人の子供達が起きる時間になります。

七時になると、我が家は、突然にぎやかになるのです。三歳の子供は、「ママーだっこ、だっこー」と抱きついて離れませんし、一歳の子供は、「ダーダ、ダーダ」とわけのわからない言葉を発して、両手をあげて、そこら中を走り回ります。数分後には、「お腹空いた〜」「ガックン、ガックン」と言って、ダイニングテーブルにしがみつき、私は急いで食事を運ぶ、といった具合です。

一歳の子供に食事を食べさせ、食事をすませた三歳の子供がテレビにかじりついている間に、自分の食事をとります。上の子は、八時に幼稚園の制服に着替えさせて、八時十分にお迎えの幼稚園バスまで送りにいきます。

下の子を見てくれている主人は、私が家に戻ると、急いで仕事にでかける支度をして、

「いってらっしゃーい」と見送るのが、九時です。

下の子を抱っこして、**パソコンの前に座ると、口座のある証券会社のサイトを開きます。**じっとしていない一歳の子供を足下に座らせ、おもちゃを与え、「ちょっと待っててね」と言いながら、昨晩、めどを立てていた銘柄をいくつかチェックします。

「チャートよし。買い気配、売り気配はどうかな……」

こうして、**前日の夜に、買おうと思っていた銘柄のうち、さらに銘柄を絞って、売り注文をします。**その時間、四十分。この四十分間は、ずっとパソコン画面とにらめっこ、ではなく、途中子供をあやしたり、洗濯機のスイッチを入れたり、お茶を飲んだり、じっとしていないのが、通常です。それに、**この四十分間に、昨日以前に買った株の売り注文もしてしまいます。**

図85 これが私の1日のスケジュール

私の1日

AM 5	起床!	テレビスイッチON パソコンスイッチON
AM 7	主人と子供達 起床	
AM 8	上の子を幼稚園バスへ送りにいく	
AM 9	主人出社	パソコンの前に sit down
AM 10	公園で下の子とお砂場遊び	
PM 12半	お買い物から帰宅	パソコン、ちらり
PM 2	上の子幼稚園から帰宅	
PM 6	第一回目夕食	
PM 8	子供達 就寝	わたしもいっしょに寝ちゃおうっと
PM 10	主人と夕食	明日は何を買おうかな

株取引する時間に合わせて、コンディションを整える

大半の人が、「売る値段はどうやって決めるの？」と質問したくなると思います。

これは、**買うめどをつけた時に、このくらい上がったら売ってしまおうと、最初から計画を立ててしまうのです**。また、実際に買えた株価を見て、いくら以上だったら売ると決めてしまって、当日の朝、買い気配、売り気配を見て、売れそうだと思ったら売り注文を出してしまいます。

一般的に、人間というものは、目が覚めるのと脳が起きるのとでは時間差があります。目が覚めて、あとから徐々に脳が機能してくるものなのです。起床から三、四時間後が、最も脳の機能が活発になります。私の早起きは、**九時頃に脳が絶好調になるので、「買い」「売り」の読みや決断力を大いに発揮できる**ようです。みなさんも自分が株取引をする時間には、脳も体調も絶好調になるように調整したほうがいいでしょう。

さて、売買の注文をしたら、パソコンはここでおしまい、スイッチを切ってしまいます。あとは、一般の専業主婦の方と同じだと思いますが、食事の片づけと洗濯物を干して、気になったところだけ掃除機をかけて、家事も午前の部は、ここでおしまいです。

外が大好きな下の子供と買い物をかねて、公園へ出かけます。お昼は、天気がよければ、

公園か家の近くに流れる川のそばで、お弁当を食べます。

お買い物兼お散歩から戻るのは、十二時半頃。後場（株取引の午後の部）の始まる時間です。テレビとパソコンに電源を入れます。ここで、子供が疲れてお昼寝してくれると、その日はとってもラッキーなのです。ゆっくり株の状況が見られるのですが、たいてい、帰りのベビーカーで眠ってしまうので、家に着いたとたん元気いっぱいになってしまうのです。

「口座管理」画面を見れば儲かっているかどうかが一目瞭然

さて、ついているパソコンでは、証券会社のサイトを開き、「口座管理」画面にしておきます。その日に買った株は、明日以降に売る予定にしていますが、あまりにもプラスの額が大きい場合、つまり**儲けが予測していた時より大きかった時は、すぐに売り注文を出します**。イー・トレード証券の場合、プラスになっているかどうかは、画面上でひと目でわかります。プラスは赤文字、マイナスは青文字で表示されるからです。

パソコンの前に座らず、子供と遊びながら、チラリ。

「たいへん！　すごい上がってる」

こんな時は、一分間だけごめんね、あゆちゃん。ということになります。

図86　イー・トレード証券の口座管理

現在値 | 評価損益
47 + 220,000
186 + 36,000
156 - 9,000
現在値 | 評価損益
東/6ヶ
259 + 48,000
たいへん!
すごい上がってる!!

イー・トレード証券の口座管理は、
ひと目でプラスかマイナスかが
わかる優れもの

あとは、もうパソコンの電源を切って、見ないことにしています。目覚まし時計と同じで、パソコンもつけていると、気になって、家事もおろそか、子供との遊びもおろそかになってしまいますので。それに、この時間になってくると、そろそろおやつの準備をして、二時過ぎに帰ってくる上の子供を迎えに行かなくてはなりません。そして、帰ってきたら子供が夜眠るまで、一切、株の取引については見ない、聞かない、考えないようにしています。

夜は、夫婦で翌日の作戦会議

子供が寝るのは、その日にもよりますが、八時ぐらいでしょうか。主人もその頃帰ってくるのですが、私は、たいてい子供といっしょに寝てしまうのです。十時ぐらいに、目が覚めて、

「あれ、帰ってたの？　ご飯食べた？」

「冷蔵庫とお鍋の中にあったのを温めて食べたよ」

ということがよくあります。

そのあと、コーヒーを飲みながら、テレビを見ながら世間話。パソコンのある部屋に場所を移して、コンビニエンステーブル（第4章9）とチャートを見ながら、主人と会話。

「ねえ、これそろそろ上がりそうだと思わない？」

「うん、そうだねえ」

「明日は、日経平均が下がりそうだよね」

「うん、そうだねえ」

「このチャート見て、そろそろ買いだよね」

「うん、そうだねえ」

という感じです。

「ふあ〜、なんだかもう眠くなっちゃった」

「うん、そうだねえ」

こんな感じで、私の一日は終わります。

図87　夫婦の会話はこんな感じ

ワタシが寝たあと楽しそうな声が
聞こえてくるでチュ
ねえ、これそろそろ
上がりそうだと思わない?
うん、
そうだねえ
明日は、日経平均が
下がりそうだよね
うん、
そうだねえ
ふあ〜　なんだかもう
眠くなっちゃった
うん、
そうだねえ

2

新聞読まない、勉強しない、でも儲かる
――これが山本流儲け方の極意

私は、小学校から始まって、十六年間の学生生活で一度も成績優秀といわれたことがありません。その理由は一つ、勉強が嫌い、勉強をしないからなのです。

それは、大人になってからも同様で、研究員時代も教員時代にも、いかに短時間に効率よく、なるべく勉強せずにやっていけないかと、考えていたほどです。

ただ、さすがに仕事となると、勉強嫌いではすまされず、しぶしぶ学生時代の教科書を開いたり、参考書を買ったり、じたばたしたものです。

私は、これまで生きてきた中で、〝恩師〟と思っている人が二人います。

一人は、高校時代に化学を教えてくれた先生。もう一人は、卒論先の研究室で指導をしてくれた先生です。

高校の化学の先生は、まったく化学ができなかった私に参考書をくれて、放課後、丁寧に化学を教えてくれたのです。その時に、プレゼントされた参考書は、高校生が使用するとは思えないほど、文字が大きく、絵ばかりで、まるで絵本のようでした。参考書の中に書かれている問題に対しては、わからなければ、本の最後にある答えを写せばいいからと

いわれ、そのとおりにほとんど答えを写していました。

先生は、写した答えを採点して、「よくできている」「やればできるじゃないか」と褒めちぎり、私は何を勘違いしたのか、自分は化学ができるとまで思ってしまいました。できると思ってしまうと、大嫌いな化学が好きになってきて、参考書を読むのも苦ではなくなり、勉強というより、推理小説でも読んでいるように感じていました。

この頃を思い出して、何かを始める時は、テキストとして、なるべく簡単に書かれた関連書を読むことにしています。また、株を始めた頃もそうですが、わずかな儲けでも「私って、やるじゃない」と自分自身で褒め称えては、やる気にさせています。

一番わかりやすい本を熟読し、全部を理解する

もう一人の恩師は、特に私に何かを教えてくれた記憶はないのですが、物事に向かう姿勢がすばらしく、卒業してからずっと今日まで付き合いがあります。車が好きで、女性が好きで、飲むのが好きな、普段は、ただのくだけたおじさんなのですが、人を見かけで差別しない、長い物に巻かれない、一本筋の通った人です。

その恩師が、

「有機化学の本を初めから終わりまで読んだことがあるか」

と学生の私にたずねたことがあります。私は、高校の時に、いちおう習っていたので、「あります」と答えると

「そうじゃない。読むというのは、理解するということだ。一冊でも全部理解して読み終えたら、その分野をすべて理解できる」

と言われたのです。

その頃の私には、とうていできませんでしたが、社会人になって実行することができました。**たった一冊でも、それをすべて理解するということは、百冊の本にさっと目を通すことより、ずっと知識と応用力を身につけるものだ**ということがわかりました。

ですから、私は、新しいことに挑戦する時には、必ず、最低一冊は、挑戦することに関連した本を熟読することにしています。

株については、プロローグでも述べましたが、始める前に六冊の本を購入しました。もちろん、すべての本に目を通しましたが、その中で、**一番わかりやすい本については、理解の漏れがないようにしました**。

パソコンで検索すれば、表示されるような「移動平均線」の出し方や「乖離率」（一定期間の終値を平均して、当日の終値がどれだけ離れているかを示す数値）を計算して求めることもしました。

図88　1冊のわかりやすい本は、100冊の本に目を通すより効果的

1冊は最初から最後まで
熟読しましょう

こんなこと、毎日の株取引でいちいち計算していたら、取引どころではなくなるでしょうから、本当は、「こんなふうに計算しているんだ」と納得するだけでいいのです。

しかし、実際に計算して、「移動平均線」や「乖離率」の出し方までマスターしないと気がすまないというか、本当の理解とはいえない気がして、やってみたものです。

その時の感想をいうと、「疲れた、ここまでする必要がなかった」というものです。必要がないというのは、「移動平均線」など株取引に必要なことは、自分で計算しなくてもインターネット等で、一目瞭然だからです。

■情報が多すぎると、良い結果は得られない

さて、話しは変わりますが、株の情報収集には、いろいろな方法があります。

私も株を始めて一年間ぐらいは、会社四季報は必ず買っていましたし、日経新聞も朝晩目を通していました。

書店で、目についたマネー○○○、投資○○といった雑誌も購入していましたし、女性誌に、「株特集」とあれば、手当たり次第に買っていた時期もありました。その効果を述べる前に、もう一つ大学の頃の昔話をさせてください。

私の通っていた学部は、物理化学が1から3まであって、クラスの半数以上が一度は物理化学を試験で落とした経験があるほど、難しくて有名だったのです。

もちろん、この私もその中に含まれていました。試験は、二問から三問しか出題されないので、一問を逃すことは、物理を落とすことを意味するのです。

この試験は、何を持ち込んでも可なのです。私は、物理化学の試験のたびに、机の上は、本立てが必要なほどたくさんの参考書を並べ、クラスで最も成績の良い人のノートをすべてコピーし、五センチの厚さにはなる過去の試験問題のコピーを持って、試験に臨んだものです。

結果は、二年生の物理化学1と三年生の物理化学2を四年生の物理化学3の追試といっしょに再試、再々試を受けていました。物理化学が不得意ということもありますが、もう一つあまりにも多くの資料を持ち込みすぎて、「資料倒れ」になってしまったのが原因でした。

このように、株でも同じことをやっていましたから、大量の情報に目を通すことに疲れてきてしまいました。

また、情報は、すべてが一致していればよいのですが、時には反対の意見が書かれていて、惑わされてしまうこともありました。他人のノートをコピーするだけで、安心してしまうように、常にたくさんの情報源を抱えているだけで安心し、有効利用していないのが実情です。

そこで、ある日、**情報源を整理し、新聞は特に読まない。偶然目に入った見出しだけで十分。株関連の雑誌は買わない。手段は、テレビで耳に入ったニュース、これも真剣に見るわけではなく、偶然耳にしたら程度にする。メインの手段は、インターネット。それもいくつかに絞って、十分程度で見られる量にしておく。そのほかに時間があるのなら、株価チャートを見る、というように自分のルールを作った**のです。

するとどうでしょう。

図89　情報の取りすぎに注意しよう!

もうだめ～
訳がわからない
新聞
株の雑誌
ニュース
四季報
会社情報
乖離率の
求め方?
移動平均線
の引き方?
情報は、必要なものと必要
でないものを整理しようね
僕だけで十分でしょう

情報源を絞って、新聞、雑誌は読まない、特に新しく勉強もしないのに、大量の情報を抱えていた時よりもずっと効果的に情報を利用でき、株取引がより良い結果を生むことになったのです。

また、難しいことや面倒なことをしないので、毎日のように株取引を行ってもこれなら苦ではないのです。

みなさんも毎日、あるいは、長い期間、株取引を続けていきたいのであれば、「資料倒れ」にならないようにするべきでしょう。ただし、有機化学のように、一度はじっくりと株の本（テキスト）を熟読することが条件ですけどね。

3 大化け株発掘なんて、運と時間がなければ不可能と割り切る

「コツコツお金を貯めるのなら、一攫千金を狙うよ」という人、意外と多いかもしれません。日本経済が、徐々に回復してきたとはいえ、日本の総理は、「痛みに耐えよう」ですからね。庶民が、地道にお金を貯めても、たかがしれているかもしれません。

しかし、株の世界では、一攫千金派よりコツコツ派のほうが、大成功を収めていることが多いのではないでしょうか。

もちろん、株取引で、一つの銘柄の株価が驚くほど急上昇して、大儲けをして、家や別荘まで建てた人もいるでしょうが、こんなことは庶民には希です。

なぜかというと、いくら株価が急上昇しても、自己資金が100万円で、全部その株に使ったとしても、二倍の上昇で200万円です。とても家や別荘は無理でしょう。

これでわかるように、株価急上昇で、大儲けという人は、元手となる自己資金も多いのが条件なのです。それに、このような大化け株を発掘するために、あらゆる情報を見て、一部上場でも1500銘柄以上、二部上場や店頭市場まで含めると、膨大な量の中から、一握りの大化け株を見つけ出すのです。それはそれは、たいへんな労力ですし、時間もか

かります。

運良く見つけられても、もう少し待てば、大、大、大儲けできるかもしれないなんて欲が出てしまって、結局、大、大、大損に化けてしまう可能性だってあるのです。

それなら、毎日、コツコツ数万円ずつでも儲けるほうが、ずっと率がよいでしょう。

株で成功を収めるには、『毎日』もキーワードです。大化け狙いで、月に一回の株取引をするのなら、毎日、一カ月で30回以上の取引をするほうが経験になります。

株は、特に才能がなくてもできることで、要は、**うまく情報を使いこなして、タイミングよく売買すれば、誰にでも大きな利益を得られるチャンスがある**のです。うまく情報を使いこなすにも、タイミングをはかるにも、たくさんの経験をすることで、必然的に向上していくものです。

家にいて、一時間も働かないのに、株取引だけで、日給以上の収入が手に入るのです。それに、最近では、メイドさんにも株取引を手伝ってもらって、生活は変わらず、収入は倍増です。

そのメイドさん、私にも紹介してですって？　いいですよ。メイドさんといっても『自動売買ソフト』さんですから、誰にでも手伝ってくれます。これからも家事や育児で忙しい私は、株だけは、コツコツのんびり楽しむことにいたしましょう。

図90　一攫千金の大化け株発掘はまず不可能と心得よう

大化け株を探すぞ〜!!
そんなにすぐには見つからないでチュー。お化けみたいな顔でコワイでチュー
う〜ん
自動売買ソフトを教えてあげたいなあ〜

［著者］

山本有花（やまもと・ゆか）

研究員、教員、心理カウンセラーを経て、現在は、おもにノンフィクションライターとして活躍中。執筆業に専念するかたわら主婦業（二児の母）もこなしており、「株式トレーダー」としても実績を残す。著書に「ちょこっと投資であなたも　ぷちトレ！」「女性のための株式投資かんたんゼミナール」（すばる舎）などがある。

毎月10万円は夢じゃない！「株」で3000万円儲けた私の方法

2004年 6月17日　第1刷発行
2004年 9月27日　第3刷発行

著　者——山本有花
発行所——ダイヤモンド社
〒150-8409　東京都渋谷区神宮前6-12-17
http://www.diamond.co.jp/
電話／03･5778･7236（編集）　03･5778･7240（販売）
装丁————石澤義裕
本文レイアウト—タイプフェイス
製作進行——ダイヤモンド・グラフィック社
印刷・製本　—ベクトル印刷
編集担当——高野倉俊勝

ISBN 4-478-63092-5

Printed in Japan